Kräuter & Gewürze

Anbauen, pflegen, schützen

Spezial

Ob beruhigend oder erfrischend – duftende Kräuter zum Wohlfühlen für Balkon und Wohnbereich.

Spezial

Urlaubszeit und Erntesegen: Wie Sie Ihre Pflanzen bewässern und Ihre Kräuterernte schonend konservieren können.

So fängt es an:
Naschen erlaubt!

Süße Erdbeeren, knackiger Salat, reife Tomaten, würziges Basilikum, aromatischer Rosmarin, frische Minze. Lust auf mehr? Schaffen Sie sich Ihre eigene kleine Küchengarten-Oase auf dem Balkon. Ob Obst, Gemüse, Kräuter im Balkonkasten oder Kübel – alles ist möglich.

Nur eines muss Ihnen klar sein: Mit einem Balkon-Küchengarten werden Sie nicht zum Selbstversorger. Die Gartenarbeit beschränkt sich auf Gießen und Düngen, es gibt kein Rasenmähen und kein Unkrautzupfen. Aber Sie haben genauso viel Freude an den Pflanzen wie in einem Garten. Probieren Sie es doch einfach mal aus!

Jeden Tag gibt es Neues zu entdecken. Hier ist eine neue Blüte aufgegangen, dort ist eine Frucht reif geworden, die endlich nach langem Warten gepflückt werden kann. Setzen Sie bunte Sommerblumen wie Dahlien und Studentenblumen zwischen Obst, Gemüse und Kräuter. So bekommt der Küchengarten viele fröhliche Farbtupfer!

Nutzen Sie die paar Quadratmeter, die Ihnen zur Verfügung stehen, und lassen Sie genügend Platz für eine gemütliche Sitzgelegenheit. So können Sie sich inmitten der gesamten Pracht von der Großstadt-Hektik entspannen. Eine kleine Insel mit duftenden und blühenden Kräutern ist wie eine Aromatherapie auf Balkonien.

Ernten Sie die Früchte Ihrer Arbeit, denn vom eigenen Balkon schmeckt es immer am besten

Obst & Gemüse

Gemüse für Einsteiger

Leuchtend rote und gelbe Tomaten sehen nicht nur fantastisch aus – vom eigenen Balkon schmecken sie auch so! Den Reigen der unkomplizierten Gemüsearten erweitern knackigfrische Radieschen und Paprikaschoten. Die Aussaat ist einfach. Wer sich diesen Arbeitsgang sparen möchte, kann im Frühjahr Jungpflanzen in Gartenmärkten erwerben. Bei guter Pflege werden Ihnen die drei Gemüsearten im Sommer eine gute Ernte bescheren.

Knackige Radieschen

Radieschen (*Raphanus sativus*) gedeihen in Balkonkästen, die sonnig oder leicht schattig stehen. Ab Mitte März werden je zwei Samen im Abstand von 5 cm in sandig-humose Erde ausgesät. Um den ganzen Sommer frische Radieschen ernten zu können, wird alle zwei Wochen neu ausgesät. Achten Sie darauf, dass die Pflänzchen nicht zu dicht stehen. Bei regelmäßiger Wasserzufuhr gedeihen die Radieschen so gut, dass sie schon nach vier Wochen aus der Erde gezogen werden können.

Sonnenverwöhnte Tomaten

Tomaten (*Lycopersicum esculentum*) lieben einen sonnigen Standort. Große oder kleine, gelbe oder rote Früchte – dem Hobbygärtner sind hier keine Grenzen gesetzt. Beachten Sie jedoch, dass Tomaten viel Platz in Anspruch nehmen können, während sie wachsen. Balkon- oder Buschtomaten sind für kleine Balkone bestens geeignet, da sie einen kompakteren Wuchs haben als ihre Verwandten für den Garten. Steht mehr Platz zur Verfügung, kann man auch ein oder zwei Gartentomaten auf den Balkon holen. Hier müssen die Seitentriebe entfernt („ausgegeizt") werden. Mit speziellen Tomatenspiralen oder Bambusstäben können die Pflanzen gestützt werden.

▸ **Ab Mitte Mai** an einen sonnigen, windgeschützten Platz auf dem Balkon stellen.

Knackig-frische Radieschen sind reif für die Ernte

▸ **Beim Eintopfen** einen hohen Gießrand lassen, der später noch angehäufelt wird. So werden mehr Wurzeln ausgebildet, die Wasser und Nährstoffe aufnehmen können.

▸ **Bei Fruchtansatz** regelmäßig düngen.

▸ **Blütenendfäule:** Braune, ledrige Stellen auf der Unterseite der Früchte entstehen durch unregelmäßiges Gießen und Kalziummangel.

▸ **Braunfäule:** (*Phytophtora infestans*): Pilzkrankheit. Blätter verfärben sich braun, die Stiele schwarz, braungrüne Flecken auf den Früchten. Befallene Pflanzenteile entfernen.

Perfekte Partner für Tomaten: Thymian und Basilikum

Wärmeliebende Paprika

Paprika (*Capsicum annuum*) ist eine der ältesten Kulturpflanzen der amerikanischen Ureinwohner. Es gab bereits viele Formen, als die Paprika um 1500 als Nutzpflanze in Europa eingeführt wurde. Heute kennt man glockenförmige oder lang gestreckte Früchte, deren Farbe von blassgrün über rot bis schwarz changiert. An einem warmen, sonnigen Platz entwickeln sich die Pflanzen besonders gut. Die scharfe Verwandte der Paprika ist die Peperoni. Sie benötigt noch mehr Wärme, um die typische Schärfe zu entwickeln.

▸ **Die Pflegeansprüche** ähneln denen der Tomate.

▸ **Paprikaschoten** können grün geerntet werden, sobald sie glänzen. Sie sind dann zwar noch nicht reif, durch die frühzeitige Ernte wird jedoch der Fruchtansatz erhöht.

Balkongast Salat

Salat braucht wenig Platz und wächst schnell, er ist daher hervorragend für den Anbau auf dem Balkon geeignet. Ungeduldige Balkongärtner können Salat schon sechs Wochen nach der Aussaat ernten. Der Salatnachschub will sorgfältig geplant sein. Damit den ganzen Sommer über frischer Salat auf den Tisch kommt, sollte bis Juli etwa alle 14 Tage in neue Töpfe nachgesät werden.

Salat ist nicht gleich Salat

Auf jedem Balkon kann Salat (*Lactuca sativa*) in Kästen oder Töpfen wachsen. Er verträgt sowohl Sonne als auch Halbschatten. Im Sommer muss man aufgrund der großen Blattfläche ausreichend gießen. Ab März können Sie selbst aussäen oder einfach Jungpflanzen verschiedener Sorten kaufen.

▸ **Kopfsalat** wird am besten in Töpfen von mindestens 15 cm Durchmesser gezogen und ist nach zehn bis zwölf Wochen erntereif.

▸ **Pflücksalat** bildet keine Köpfe aus und ist besonders für Kästen geeignet. Etwa sechs Wochen nach der Aussaat können die äußeren Blätter gepflückt werden. Der innere Teil der Pflanze wächst nach (z. B. die Sorte 'Amerikanischer Brauner').

▸ **Schnittsalat** unterscheidet sich von Pflücksalat darin, dass die Blätter geschnitten werden. Wenn Sie nicht zu tief abschneiden, treiben die Pflanzen noch einmal nach (z.B. die Sorte 'Krauser Gelber').

▸ **Bataviasalat** hat fein gekrauste Blattränder. Er wird wie Pflücksalat geerntet. Die bekanntesten Sorten sind 'Lollo Rossa' mit roten und 'Lollo Bionda' mit gelbgrünen Blättern.

▸ **Eichblattsalat** kann man wie Schnitt- oder Pflücksalat ernten. Die grünen oder braunen Blätter haben gelappte Blattränder ('Salad Bowl').

▸ **Römischer Salat** ist ein lockerer Kopfsalat, der wie Schnittsalat nach vier Wochen geerntet werden kann (beispielsweise 'Little Gem').

Würzige Rauke

Schon im Altertum war Rauke oder Rucola (*Eruca sativa*) als Kulturpflanze bekannt. Sie ist anspruchslos und lässt sich problemlos auf dem Balkon kultivieren. Ab April kann sie in Balkonkästen ausgesät werden. Eine Nachsaat ist zu empfehlen.

Noch mehr „schnelles Gemüse"

> **Gartenkresse:** Gartenkresse: als Füllpflanze verwendbar, den ganzen Sommer über nachsäen.

> **Portulak:** würzig, in Salatmischungen verwenden, anspruchslos, Nachsaat alle drei Wochen.

> **Mini Pak Choi:** erntereif nach vier bis sechs Wochen, Nachsaat, roh oder gekocht schmackhaft.

Salatvielfalt auf Balkonien mit Römischem Salat, Eichblattsalat und 'Lollo Bionda'

Die Kultur wird wie Salat gleichmäßig feucht gehalten. Geerntet wird von außen nach innen, sobald die Blätter etwa 5 cm lang sind. Der scharfe Geschmack der Rauke verleiht Salaten ein würziges Aroma, sie kann aber auch wie Spinat zubereitet werden.

Alles in einem Topf

Salat, Salatkräuter und essbare Blüten passen nicht nur in der Salatschüssel zusammen, sondern auch im Topf. In die Mitte eines Topfes werden zwei Pflücksalatpflanzen, eine Schnittlauchstaude und zwei Ringelblumen gesetzt. An den Rand passen noch Petersilie und Studentenblumen. Die Blütenblätter von Rin-

Salat anmachen

> **Die klassische Vinaigrette** besteht aus 2 EL Essig, 6 EL Öl, Salz und Pfeffer.
> **Ein Joghurtdressing** ist schnell aus 150 g Joghurt, Salz, Pfeffer, 2 EL Öl und 2 EL Essig gerührt
> **Fügen Sie** nach Belieben Kräuter oder Senf hinzu.
> **Schärfe bringen** Basilikumblüten und junge Früchte von Koriander und Kapuzinerkresse.

Smart

gelblume und Studentenblume machen auch den Salatteller bunt.

Fit mit Sprossen

Sprossen bersten geradezu vor Mineralien und Vitaminen. Besonders beliebt sind Kresse-, Alfalfa- und Senfsprossen. Mit Hilfe von Keimgläsern bzw. Keimapparaten können sie am Küchenfenster ganz leicht gezogen werden. Die Sprossen sind je nach Art nach drei bis sieben Tagen verzehrfertig. Einfach über den Salat streuen und genießen. Sprossensamen und Zubehör gibt es im Reformhaus.

Schmackhafte Kletterkünstler

Kletterpflanzen erfreuen sich auf Balkonen großer Beliebtheit. Auch unter den Nutzpflanzen gibt es eifrige Kletterer. Einjährige Gemüsearten und mehrjährige Obstgehölze können an Spalieren emporwachsen. So befinden sich Blüten und Früchte in bequemer Höhe zum Ernten und Genießen.

Kletterndes Gemüse

Einige Gemüsearten wie Bohnen, Erbsen und Gurkengewächse bilden dichtes Laubwerk aus, das als Sicht- und Sonnenschutz dienen kann. Gurken und Bohnen lieben einen sonnigen, windgeschützten Platz. Erbsen mögen es lieber halbschattig.

Achten Sie beim Kauf auf mehltautolerante bzw. -resistente Sorten. Klettergemüse braucht Rankhilfen wie Schnüre oder Stäbe, an denen es sich festhalten kann. Idee: Lassen Sie Gurken doch mal an der Balkonbrüstung entlangranken!

▸ **Gurke** (*Cucumis sativus*): Wer liebt ihn nicht, den erfrischenden Salat aus grünen Gurken und Dill! Diese beiden vertragen sich übrigens nicht nur im Salat gut miteinander, sondern auch im Topf. Dill intensiviert den Geschmack der Gurkenfrüchte. Pro Topf (mind. 30 cm Durchmesser) werden ab Mitte Mai drei Samen gelegt. Der kräftigste Sämling bleibt am Schluss stehen. Gurken schmecken am besten, wenn sie nicht größer als 20 cm sind.

▸ **Zuckererbsen** (*Pisum sativum*): Erbsen sind mit den Wicken verwandt und bilden ähnlich schöne Blütenstände aus. Ab Mitte April in Kästen oder große Töpfe aussäen. Um einer Mehltau-Infektion vorzubeugen, sollten die Pflanzen nicht zu dicht stehen. Die ersten Schoten können schon nach etwa acht Wochen geerntet werden. Danach wird laufend geerntet, bevor sich die Schoten aufblähen.

▸ **Hyazinthbohne** (*Dolichos lablab*): Die tropische Bohne setzt Akzente mit lilafarbenen Blüten und Früchten. Ab Mitte Mai in große Töpfe aussäen. Regelmäßig junge Früchte ernten, solange sie noch zart sind. Die Bohnenkerne dürfen nicht roh verzehrt werden!

Kletterndes Obst

Brombeeren und Wein sorgen für eine langjährige Zierde an Wänden und Spalieren. Immergrüne Brombeeren behalten ihr grünes Kleid auch im Winter. An der

Kletterhilfen und Stützen

> Schnüre und Drähte können von der Brüstung zur Decke gezogen werden. Geeignet für Erbsen, Bohnen und auch Gartentomaten.

> Stäbe gibt es in verschiedenen Größen und Materialien. Geeignet für Erbsen, Wein und als Stütze für Tomaten.

> Rankgitter und Spaliere können fertig im Handel gekauft werden. Wichtig für Brombeeren und Spalierobst.

Hauswand können die Klettergehölze problemlos überwintert werden. Die Triebe sollten dann jedoch mit Jutegewebe oder Zeitungspapier locker abgedeckt werden.

▸ **Brombeere** (*Rubus fruticosus*): Die großen, dunklen Beeren schmecken besonders gut, wenn sie frisch geerntet werden. Für die Topfkultur sind stachellose Sorten wie 'Thornless' oder 'Loch Ness' zu empfehlen. Brombeeren tragen am vorjährigen Holz. Jedes Jahr werden neue Ruten aus der Basis gebildet, die an einem Drahtgerüst festgebunden werden. Die fruchttragenden Ruten werden nach der Ernte über dem Boden abgeschnitten.

Sichtschutz „zum Anbeißen" bieten Wein und Kürbis

Gurkenfreuden

> **Veredelte** Gurkenpflanzen sind robuster als Sämlinge.

> **Nach dem sechsten** Laubblatt die Triebspitze entfernen: So werden bessere Tragranken gebildet und der Fruchtansatz der Seitentriebe wird gefördert.

> **Gurken** können mit Tomatendünger gedüngt werden.

Smart

▸ **Wein** (*Vitis vinifera*): Die süßen, weißen oder blauen Trauben werden im Spätsommer geerntet. Achten Sie beim Kauf auf mehltauresistente Sorten. Die Reben brauchen einen großen Kübel. Weinreben sind sehr pflegeaufwändig, denn neben dem Stäben der Haupt- und Seitentriebe sind im Laufe eines Jahres mehrere Schnittmaßnahmen durchzuführen.

▸ **Maracuja** (*Passiflora edulis*): Die Kübelpflanze mit den großen, auffallenden Blüten verträgt im Sommer einen vollsonnigen Standort. Sie ist nicht winterhart und benötigt ein helles, warmes Winterquartier. Im Frühjahr wird die Pflanze kräftig zurückgeschnitten.

Spezial

Spannendes für
junge Balkongärtner

Das Auslegen eines Samenkorns und die sich entwickelnde Pflanze bergen nicht nur für Kinder etwas Faszinierendes. Mit kleinen Gartengeräten und Gießkannen werden Kinder zu passionierten Balkongärtnern. Ein Naschbalkon ist genau das Richtige für kleine Naschkatzen.

Alles kann ohne Gefahr beschnuppert, probiert und gekostet werden. Binden Sie Ihre Kinder am besten bei der Pflege der Balkonpflanzen mit ein. Kleine Kinder helfen schon gern beim Gießen. Mit einem eigenen kleinen Blumenkasten, in dem Pflänzchen ausgesät,

gepflegt und geerntet werden können, lernen Kinder den Kreislauf der Natur kennen. Radieschen, Bohnen und Kapuzinerkresse wachsen schnell und sind bestens für ungeduldige Balkongärtner geeignet. Tomaten, Salat und einjährige Küchenkräuter brauchen schon etwas

länger zum Keimen und Wachsen. Die Samen von Kapstachelbeere und Zuckermais müssen schon im März auf der Fensterbank ausgesät werden, damit sie zu Beginn der Balkonsaison im Frühling kräftig genug sind, um Blüten zu treiben und Früchte anzusetzen.

1 **Süße Erdbeeren** (*Fragaria × ananassa*) in Kästen wachsen direkt in die kleinen Münder. Monatserdbeeren blühen und fruchten den ganzen Sommer über. Erdbeerpflanzen im Frühjahr oder Herbst in Erdbeertöpfe oder Balkonkästen an einen sonnigen bis halbschattigen Platz setzen. Schimmelige Blätter und Früchte entfernen. Nach der Ernte düngen. An der Hauswand geschützt überwintern. Im Frühjahr das welke Laub entfernen.

**2 Kletternde Feuer-
bohnen** (*Phaseolus coccineus*) wachsen schnell gen Himmel, wenn sie ab Mitte Mai in große, tiefe Töpfe gesät werden. Eine Kletterhilfe aus gespannten Drähten oder Stäben, die mit den Samen in die Erde gesteckt werden, ist wichtig. Werden sie regelmäßig gegossen und gedüngt, zeigen Feuerbohnen im Sommer ein wahres Feuerwerk aus roten Blüten. Einige Sorten blühen auch zweifarbig in rot und weiß. Die jungen Früchte können sogar gegessen werden, sollten aber vorher gegart werden. Die rötlichen Samen sind schwarz gesprenkelt.

**3 Lustige Kapstachel-
beeren** (*Physalis peruviana*) verstecken ihre orangen, runden Früchte in kleinen Lampions, die sich im September goldbraun färben. Dann sind die Früchte auch reif. Doch bevor es soweit ist, müssen die Samen ab März auf der Fensterbank ausgesät werden. Die kleinen Pflanzen stellt man erst ab Ende Mai an einen sonnigen Platz auf dem Balkon. Sie brauchen alle 14 Tage Dünger und besonders an heißen Tagen viel Wasser. Achtung: Die kälteempfindliche Pflanze vor Nachtfrösten im Herbst mit Zeitungspapier schützen!

Besonderes auf Balkonien

Mit ausgefallenen Gemüsearten wird's nie langweilig auf dem Balkon.

Viele Gemüsearten und -sorten haben außergewöhnliche Blüten oder Blattfarben und -formen. Die gekrausten Blätter des Grünkohls können grün-blau oder rot bereift sein. Doch nicht nur der Grünkohl, sondern auch andere Vertreter dieser abwechslungsreichen Familie der Kohlgewächse haben ein ansprechendes Äußeres. Kohlrabipflanzen der Sorte 'Blusta GS' haben blauviolett gefärbte Stiele und Knollen. Der Rosenkohl bezaubert durch seine kleinen Kohlköpfe, die spiralig um den Stamm angeordnet sind. Der Romanesco, eine Abart des Blumenkohls, beeindruckt mit seinen türmchenartigen Blütenständen. Und der aus Asien stammende Pak Choi zeigt mit seinen sattgrünen Blättern und den schneeweißen Stängeln starke Kontraste. Die leuchtend dunkelroten Blattstiele vom Mangold ('Rhubarb Chard') oder die sonnengelben Zucchini bringen Leben ins grüne Gemüseeinerlei. Experimentieren Sie mit außergewöhnlichen Fruchtformen. Zucchini und Auberginen gibt es beispielsweise nicht nur in der lang gestreckten Form, sondern auch als kleine Kugeln (Zucchini-Sorte 'Rondini'). Kürbisse gibt es in Form kleiner „fliegender Untertassen" (Patissonkürbis). Selbst die Blüten der meisten Fruchtgemüse können ohne weiteres mit denen der Sommerblumen konkurrieren. Die großen Zucchini- und Kürbisblüten sind buttergelb, die der Auberginen erscheinen in einem zarten Lila. Aber auch die reifen Früchte können Farbe ins Spiel bringen! Wie wäre es mit purpurroten, schwarzen und gelben Bohnenhülsen, weißen und gestreiften Auberginen, gelben und rot gestreiften Tomaten ('Tigerella') oder schwarzen Paprikaschoten ('Purple Bell')? Probieren Sie es doch mal aus!

Mangold

Beta vulgaris var. cicla

> **Standort:** sonnig bis halbschattig

> **Aussehen:** Die leuchtend gelben, weißen oder dunkelroten Blattstiele der Mangold-Sorten erfreuen Auge und Gaumen.

> **Pflege:** Ab April in Töpfe mit sandig-humosem Substrat säen und auf den Balkon stellen. Beim Pikieren einen Pflanzabstand etwa 15 cm einhalten. Regelmäßig gießen und alle 14 Tage mit Dünger versorgen.

> **Ernte:** Äußere Blätter im Sommer regelmäßig abschneiden. In milden Lagen ist die Ernte auch im Winter und Frühjahr möglich.

> **Tipp:** Die Blätter können wie Spinat verwendet werden.

Summer Squash-Kürbis

Cucurbita pepo

> **Standort:** sonnig

> **Aussehen:** Summer Squash-Kürbisse haben dekorative Früchte, einige sehen sogar wie kleine Ufos aus.

> **Pflege:** Ab Mitte Mai aussäen. Bei Fruchtansatz regelmäßig düngen. Im Sommer häufig gießen. Verblühte Blüten von den Früchten entfernen, um Fäulnis zu verhindern. Auf Mehltaubefall achten.

> **Ernte:** Die Kürbisse sind erntereif, wenn die Schale hart ist und der Stiel leicht bricht.

> **Tipp:** Empfehlenswerte Sorten sind 'Patina', 'Pattipan', 'White Bush', 'Turk's Turban'.

Aubergine

Solanum melongena

> **Standort:** vollsonnig, geschützt

> **Aussehen:** Die Aubergine ist eine ausgesprochene Sonnenanbeterin, die nur in warmen Lagen gut gedeiht.

> **Pflege:** Haupt- und Seitentriebe einkürzen, sobald die Pflanzen 30 cm hoch sind. Bei Fruchtansatz Tomatendünger in die Erde einarbeiten. Die Mischkultur mit Studentenblumen schränkt Blattlausbefall ein.

> **Ernte:** Auberginen im September ernten, sobald die Früchte violett gefärbt und ca. 12 cm lang sind.

> **Tipp:** Auf kleinfrüchtige Sorten wie 'Easter Egg' zurückgreifen.

Grünkohl

Brassica oleracea var. *sabellica*

> **Standort:** sonnig bis halbschattig

> **Aussehen:** Die gekrausten, bereiften Blätter sehen apart aus.

> **Pflege:** Ab April Samen einzeln in Töpfchen säen. Ab Mai in größere Töpfe pflanzen. Mitte September junge Triebe herausdrehen. Auf Eigelege vom Kohlweißling auf der Blattunterseite achten.

> **Ernte:** Das Aroma entfaltet sich erst nach den ersten Frösten. Ernten Sie junge Blätter aus der Krone.

> **Tipp:** Bei gutem Winterschutz kann auch noch im Winter geerntet werden.

Mediterrane Gäste

Orangen- und Feigenbäumchen in Kübeln gibt es seit dem Barockzeitalter. Während des Barock wurden Orangerien angelegt, in denen die mediterranen Kübelpflanzen überwintern konnten. Auf dem Balkon gedeihen die Pflanzen gut an einem sonnigem bis halbschattigen Standort.

Süße Feigen frisch vom Balkon und getrocknet vom Markt

Orangen und Zitronen

Den Urlaub im Süden verbindet man unweigerlich mit Zitronen- und Orangenblüten. Zitrusfrüchte können problemlos aus Samen gezogen werden, doch blühen diese Pflanzen sehr spät und tragen selten Früchte. Möchten Sie Früchte ernten, sollten Sie ein kleines Bäumchen kaufen. Die Reifezeit der Früchte dauert etwa sechs bis acht Monate. Die Früchte können danach bis zu vier Monate lang am Baum hängen bleiben.

▸ **Kumquats** (*Fortunella margarita*): Für Einsteiger ist die kleinfrüchtige Kumquat die ideale Zitruspflanze. Das kleine Bäumchen trägt reichlich Früchte. Probieren Sie eine selbst gemachte Marmelade aus der garantiert unbehandelten Schale samt Fruchtfleisch.

▸ **Calamondin-Orangen** (× *Citrofortunella mitis*): Die Kreuzung aus Sauer-Mandarine und Kumquat trägt kleine Früchte, die lange am Bäumchen bleiben können, ohne an dekorativer Wirkung einzubüßen.

Süße Feigen

Die Feige (*Ficus carica*) ist eine alte Kulturpflanze, die um 700 v. Chr. in den Mittelmeerraum eingeführt wurde. Die Wildfeigen sind für ihren einzigartigen, jedoch komplizierten Befruchtungsvorgang mit Hilfe von kleinen Gallwespen bekannt. Mittlerweile gibt es selbstfruchtbare Sorten, die für den Anbau unter unseren Bedingungen in Frage kommen. Die Feigen sind erntereif, sobald sie auf Druck nachgeben. Die Früchte werden im Spätsommer gebildet und müssen im Winter während der Reife geschützt werden. Für eine reiche Ernte sind Schnittmaßnahmen nötig: Im Herbst wird an den Haupttrieben jeder zweite fruchttragende Seitentrieb auf ein Auge eingekürzt. Im Sommer werden die neuen Triebe nach vier bis fünf Blättern gestutzt. Zwischen den Trieben sollte man einen Abstand von 15–20 cm einhalten und überzählige Triebe entfernen, damit Licht und Luft in das Pflanzeninnere dringen und die Früchte besser reifen.

Zitrusbäumchen bringen den Sommer auf den Balkon

Feigen und Zitrus pflegen

▸ **Erde:** Damit das Substrat durchlässiger wird, sollte man einen Teil Kies oder Sand beifügen. So kann überschüssiges Wasser abfließen. Im Handel ist Zitruspflanzenerde erhältlich, die sich besonders für mediterrane Kübelpflanzen eignet.

▸ **Gießen:** Erst dann kräftig gießen, wenn die obere Erdschicht abgetrocknet ist.

▸ **Düngen:** Alle 7 bis 14 Tage Universaldünger geben. Zitrusdünger hilft Eisenmangel vorzubeugen.

▸ **Winterschutz:** In Hausfluren, hellen Kellern oder Garagen können Zitrusgewächse hell und kühl überwintert werden. Der Kältereiz ist notwendig, um neue Blüten treiben zu können. Töpfe trocken halten und nicht düngen. Feigenbäumchen im Herbst so lange wie möglich im Freien lassen.

Smart

Gegen Plagegeister

> **Schildläuse** sind hartnäckig, denn sie sitzen mit ihrem Nachwuchs unter kleinen braunen oder gelben Schilden an der Pflanze.

> **So geht's:** Pflanzenöl mit Hilfe eines Pinsels auf der gesamten Pflanze sorgfältig verteilen, nach 24 Stunden mit einer leichten Seifenlauge abspülen.

Süß und saftig: Kübelobst

Obstgewächse in Pflanzgefäßen zu ziehen hat eine lange Tradition, die vor allem von Adel und reichem Bürgertum gepflegt wurde. Mit ein wenig Geschick und Geduld können auch Sie im Sommer und Herbst reife Früchte ernten. Und das ist noch nicht alles! Im Frühjahr werden Sie mit einer atemberaubenden Blütenfülle überrascht. Die gängigen Sorten werden für die Kübelkultur

auf schwachwüchsigen Unterlagen veredelt. Diese bremsen das Wachstum. Bedenken Sie bei der Anschaffung trotzdem, dass die Bäumchen noch stattliche 2 m Höhe erreichen können.

Steinreiches Obst

▸ **Pflaumen** (*Prunus domestica*): Für den Balkon sind selbstfruchtbare Sorten wie

'Hauszwetsche' zu empfehlen. Ein gelegentlicher Auslichtungsschnitt im Winter ist notwendig. Ab August können die ausgereiften Pflaumen geerntet werden. Guten Appetit!

▸ **Sauer-Kirschen** (*Prunus cerasus*) können auch auf einem halbschattigen Balkon angebaut werden. Greifen Sie auf selbstfruchtbare Sorten wie 'Morellenfeuer' zurück. Sauer-Kirschen blühen und tragen am vorjährigen Holz. Daher muss man abgeerntete Triebe auf einen nachwachsenden Trieb zurücksetzen. Geerntet wird, sobald die Kirschen schwarzrot sind.

▸ **Aprikosen** (*Prunus armeniaca*): Im Frühjahr schmücken sie sich mit ihren frühblühenden, weißen oder rosafarbenen Blüten. Decken Sie bei Spätfrostgefahr die Zweige mit den Blütenknospen vorsichtig mit einem Jutesack oder Zeitungspapier ab. Zeigen sich nur wenig Blütenbesucher, bestäuben Sie die Blüten mit einem Pinsel am besten per Hand. Die Früchte sind reif, wenn sie ihre typische Farbe angenommen haben

Apfel-Ballerinas mit reichem Fruchtansatz

und sich weich anfühlen. Ein Auslichtungsschnitt im Winter ist empfehlenswert.

▶ **Pfirsiche** (*Prunus persica*) bevorzugen einen geschützten, sonnigen Platz. Im Winter benötigen sie ein kühles, frostfreies Quartier. Die leicht behaarten Früchte sind reif, wenn sie auf leichten Druck nachgeben. Im Winter werden die abgeernteten Triebe stark zurückgeschnitten. Besonderheit: Pfirsiche bilden „wahre" und „falsche" Fruchttriebe aus. An ersteren bilden sich eine Blütenknospe zwischen zwei Blattknospen, an zweiteren ausschließlich Blatt- oder

In großen Kübeln und an einem sonnigen Platz gedeihen Obstbäumchen wie Zwerg-Pfirsich und Apfel-Ballerina besonders gut

Blütenknospen. Den speziellen Rückschnitt können Sie sich in Kleingartenvereinen oder in der Baumschule zeigen lassen.

Sichere Apfelernte

Ein Apfelbäumchen auf dem Balkon hört sich einfach an, folgendes sollten Sie aber beachten: Damit das Bäumchen wirklich Äpfel trägt, brauchen Sie mindestens zwei, besser jedoch drei verschiedene Sorten auf dem Balkon. Der Mix kann aus früh und spät reifenden Sorten bestehen, die aber alle zur gleichen Zeit blühen müssen. Je nach Sorte kann von Spätsommer bis Herbst geerntet werden. Achten Sie auf schwachwüchsige Unterlagen wie M9 und M27. Lassen Sie sich bei der Auswahl unbedingt von einem Fachmann beraten.

Freche Früchtchen

Sauer macht lustig. Nicht nur Zitronen, sondern auch Früchte, die in unseren Breiten wachsen, etwa Stachelbeeren und Johannisbeeren, haben einen erfrischendsäuerlichen Geschmack. An einem sonnigen bis halbschattigen Standort fühlen sich Beerensträucher wohl. Beerenobst braucht nicht so viel Raum wie Baumobst. Als Stämmchen können sie sogar mit Kräutern unterpflanzt werden.

Vitaminreiche Johannisbeeren

Man unterscheidet zwischen schwarz-, rot- und weißfrüchtigen Johannisbeeren. Im Handel werden oft Stämmchen angeboten. Johannisbeeren werden bis zu 1,20 m hoch. Im Frühjahr wird ein kalibetonter Dünger gegeben. Ab Juli kann geerntet werden.

▸ **Rote und Weiße Johannisbeeren** (*Ribes rubrum*) tragen am zweijährigen Holz. Im Sommer werden kleine und überzählige Triebe auf 10 cm über dem Haupttrieb zurückgenommen.

▸ **Schwarze Johannisbeeren** (*Ribes nigrum*) tragen am einjährigen Holz. Im Herbst werden die abgetragenen Ruten kräftig zurückgeschnitten. Dabei werden schwache Triebe vollständig entfernt. Die Früchte haben einen sehr hohen Vitamin-C-Gehalt.

▸ **Jostabeeren** (*Ribes × nidigrolaria*) sind eine Kreuzung aus Schwarzer Johannisbeere und Wild-Stachelbeere. Die Beeren sehen aus wie große Johannisbeeren. Sie sind resistent gegenüber dem Amerikanischen Stachelbeermehltau. Jostabeeren tragen wie die Schwarzen Johannisbeeren am einjährigen Holz.

Herbe Stachelbeeren

Stachelbeeren (*Ribes uva-crsipa*) sind eng mit den Johannisbeeren verwandt. Vorsicht bei der Handhabung – die Pflanzen haben stachelige Triebe! Stachelbeeren werden bis zu 90 cm hoch. Sie dürfen nicht zu trocken und zu heiß stehen. Die Sträucher tragen am zweijährigen Holz. Nach der Ernte werden die alten abgetragenen Ruten über dem Boden entfernt. Stachelbeeren können zweimal beerntet werden. Mit der ersten Ernte werden die Früchte ausgedünnt, sodass die zurückbleibenden Früchte besser ausreifen können. Die vorab geernteten Früchte werden zu Kuchen oder

Zum Vernaschen gut

> **Kaltgerührte Johannisbeermarmelade:** Zu gleichen Teilen Johannisbeeren und Gelierzucker in einem Mixer 15 min pürieren. Hält sich 14 Tage im Kühlschrank.

> **Kiwi-Granita:** 1 l Wasser mit 250 g Zucker und Saft von zwei Zitronen 2 min kochen, dann abkühlen lassen, 600 g klein geschnittene Kiwis im Mixer pürieren und mit dem Zuckersirup mischen, für zwei Stunden in das Gefrierfach stellen, zwischendurch umrühren.

Schnell gepflückt und frisch verzehrt – das schmeckt!

Kompott verarbeitet. Die Früchte der zweiten Ernte kann man frisch genießen.

▶ **Amerikanischer Stachelbeermehltau** (*Sphaerotheca morsuvae*): Pilzkrankheit, die auf Trieben, Blättern und Früchten einen weißen Belag verursacht, der später braun wird. Die Krankheit kann bei weniger anfälligen Arten durch einen starken Rückschnitt bis ins gesunde Holz aufgehalten werden. Fragen Sie beim Kauf nach mehltauresistenten Sorten.

Kiwis im Miniformat

Die winterharte Kiwi mit kleinen, glattschaligen Früchten (*Actinidia arguta*) ist verwandt mit der allseits bekannten, behaarten Kiwi (*Actinidia chinensis*), die nur in sehr milden Lagen winterhart ist. An einem vollsonnigen, geschützten Standort reifen die kleinen Früchte gut aus. Kiwis sind Kletterpflanzen, die unbedingt ein Gerüst zum Klettern brauchen. Beide Arten sind zweihäusig, das heißt, dass man für die Fruchtbildung sowohl eine männliche als auch eine weibliche Pflanze auf dem Balkon bereitstellen muss. Einige Gärtnereien bieten auch Veredlungen mit beiden Geschlechtern auf einer Pflanze an. Die einhäusige Sorte 'Weiki' vereint männliche und weibliche Blüten auf einer Pflanze. Im Winter benötigen die Pflanzen einen Winterschutz.

Verrieseln

> **Der Fruchtfall** bei gering selbstbefruchtenden Johannisbeersorten wird „Verrieseln" genannt. Je nach Sortenanfälligkeit können einzelne oder mehrere Beeren abfallen.

> **Eine zweite Befruchtersorte** mindert das Risiko eines Ernteausfalls.

Smart

Der Mini-
Naschbalkon

Kleine Topfgärten lassen sich auf jedem Balkon realisieren. Selbst auf einer Fensterbank ist genügend Platz. Lassen Sie sich von den folgenden Gestaltungs-ideen inspirieren!

Ein großer Topf oder Kasten mit verschiedenen duftenden Kräutern ist schon für sich allein ein kleiner Kräutergarten. Werden noch aromatische Tomaten oder kletternde Bohnen dazu gesetzt, entsteht schon ein Nutzgarten auf kleinstem Raum. Wer noch weiter gehen möchte, sät einige farbenfrohe Studentenblumen oder Ringelblumen dazwischen – und schon ist der kleine Küchengarten auf Balkonien perfekt. Platz sparende Helfer für kleine Balkone sind die so genannten Erdbeertöpfe. Die großen Töpfe haben an den Seiten kleine Taschen, in denen weitere Pflanzen untergebracht werden können. Die oft vernachlässigte Vertikale wird mit Ampeln, Hängekörben und Wandtöpfen bestens ausgenutzt. Auch Kletterpflanzen und Spaliere verschönern die Rückfront Ihres Balkons. Achten Sie unbedingt auf eine stabile Anbringung der Konstruktionen, um Unfälle zu vermeiden.

1 Salatbeet en miniature: Das verschiedenartige Laub der hier verwendeten Blattsalate wirkt auf engstem Raum besonders dekorativ. Salatsorten mit rotem oder braunem Laub wie 'Red Salad Bowl' setzen Akzente. Wird die Schale um einige Salatkräuter ergänzt, ist der Salat schon so gut wie angerichtet. Tipp: Lassen Sie Ihren Salat doch mal „schießen". Die kleinen gelben Blüten an dem hoch aufgerichteten Blütenstand kennt kaum jemand.

2 **In luftiger Höhe** hängen hier die Erdbeeren in einem „Flower-Tower", einer lang gezogenen Ampel mit Pflanztaschen an den Seiten. Hänge-Tomaten der Sorte 'Tumbler', Salate und Kräuter eignen sich ebenfalls hervorragend für eine Ampelbepflanzung. Setzen Sie die Hängepflanzen an den Rand, damit sie darüber hinaus wachsen können. In England werden besonders die sogenannten „Hanging Baskets" geschätzt. Die Körbe bestehen aus Drahtgeflecht und können in unterschiedlichen Bereichen bepflanzt werden, sodass im Sommer eine üppige Pflanzenkaskade herabrankt.

3 **Gemüse oder Kräuter?** Bei diesem Arrangement wird auf keines der beiden verzichtet. In einem formschönen Erdbeertopf aus Terrakotta wurde eine Aubergine mit glattblättriger Petersilie kombiniert, die aus den Seitentaschen wächst. Das A und O einer solchen Bepflanzung sind große Abzugslöcher, 5 cm Dränagekies und regelmäßiges Gießen und Düngen. Tipp zum vereinfachten Bepflanzen: Seitentaschen erst dann mit Erde füllen und bepflanzen, wenn die Erde auf gleicher Höhe im Topf eingefüllt wurde.

Kräuter & Gewürze

Spezial

Pizza & Pasta

Pizza, Pasta und Italien – diese Drei bilden kulinarisch gesehen eine Einheit. Für den authentischen Geschmack können die typischen italienischen Kräuter wie Basilikum, Thymian, Rosmarin, Salbei und Oregano auf dem Balkon gezogen werden.

Beliebtes Basilikum

Das einjährige Basilikum (*Ocimum basilicum*) ist das Lieblingskraut der Italiener. Das süßlich-scharfe Aroma der Blätter kommt in Verbindung mit Tomaten beson-ders gut zur Geltung. Die Blätter werden frisch verwendet, die Stängel kann man mitkochen. Rotblättriges Basilikum bringt Abwechslung auf Balkon und Tisch.

▶ **Basilikum** wird jedes Jahr neu ausgesät. Die Samen sind Lichtkeimer und werden deshalb nicht mit Erde abgedeckt.

▶ **Planen** Sie am besten gleich mehrere Töpfe oder einen ganzen Kasten ein. Bei regelmäßigem Rückschnitt treibt Basilikum kräftig nach.

Aromatisches Basilikum ist die Grundlage für feines Pesto

Smart

Basilikum-Pesto

▶ 50 g Basilikumblätter
▶ 2 geschälte Knoblauch-zehen
▶ 2 EL Pinienkerne
▶ Pfeffer, Salz
▶ 100 ml Olivenöl
▶ 50 g geriebener Parmesan

Alle Zutaten bis auf den Parmesan in einem Mixer zu einer cremigen Soße verarbeiten. Mit Parmesan vermischen und abschmecken. Hält sich bis zu zwei Wochen im Kühlschrank.

Pizzagewürz: Oregano

Oregano (*Origanum vulgare*) ist eine unverzichtbare Würze von Tomatensoße und jeder Pizza. Er ist eng verwandt mit dem Majoran (*Origanum majorana*), dessen feinere Würzkraft bei der Zubereitung von Fischgerichten geschätzt wird. Junge und blühende Triebe werden geerntet.

▶ **Oregano:** Topfpflanze im Frühjahr kaufen. Neben der grünlaubigen Form gibt es auch gelblaubige Sorten ('Aureum').

▶ **Majoran:** Im Frühjahr aussäen. Durch regelmäßige

Schöne Idee: Italienische Kräuter als Tischdekoration

Ernte im Sommer kompakt halten. Hell auf der Fensterbank überwintern.

Pasta, Pasta!

Keine Pasta ohne Soße. Junge Triebe von Rosmarin (*Rosmarinus officinalis*) und Thymian (*Thymus vulgaris*) verfeinern Fleisch- und Tomatensoßen. Salbei (*Salvia officinalis*) gibt Butter- und Sahnesoßen die richtige Würze. Das mediterrane Trio liebt einen vollsonnigen, geschützten Standort und kann gut mit Basilikum und Oregano in einen großen Kasten gesetzt werden.

▶ **Rosmarin:** Im Frühjahr als Topfpflanze kaufen. Besonders apart ist hängender Rosmarin. Geerntet wird das obere Drittel der Triebe. Rosmarin hell und kühl in der Wohnung überwintern.

▶ **Thymian:** Ein bis zwei Pflanzen sind ausreichend. Triebe kurz vor der Blüte ernten. Thymian ist winterhart.

▶ **Salbei:** Als Topfpflanze kaufen. In gut sortierten Gärtnereien sind Formen mit roten ('Purpurascens') oder grün-weißen ('Icterina') Blättern, aber auch Arten mit einem fruchtigem Aroma wie Ananas-Salbei (*Salvia elegans*) erhältlich. Junge Blätter ernten. Salbei ist winterhart.

Vive la France!

Estragon, Kerbel und Lavendel gehören ebenso zur französischen Küche wie der Eiffelturm nach Paris. Doch auch mediterrane Kräuter wie Basilikum, Salbei, Rosmarin und Thymian werden reichlich verwendet. Nicht zu vergessen die klassischen Küchenhelfer Petersilie, Schnittlauch und Bohnenkraut.

Rosafarbene und blaue Blütenstände des Ysop

Estragon & Kerbel

Das beliebteste Kraut der Franzosen – der Estragon (*Artemisia dracunculus*) – stammt ursprünglich aus dem Süden Russlands. Keine Sauce Béarnaise ohne Estragon! Er gehört zur Familie der Beifußgewächse, hat aber nicht den bitteren Geschmack von Beifuß. Man unterscheidet zwischen dem Russischen und dem Französischen Estragon, wobei letzterer zwar würziger, dafür aber nur bedingt winterhart ist. Die Blätter von Kerbel (*Anthriscus cerefolium*) haben einen Geschmack, der ein wenig an Anis und Petersilie erinnert. In Frankfurt ist er fester Bestandteil der Grünen Soße. Das einjährige Kraut verfeinert Suppen, Kräuterbutter und Quark.

▸ **Estragon:** Kaufen Sie eine Jungpflanze in der Gärtnerei. Estragon ist winterhart. Blätter frisch für Salate und zum Einlegen verwenden.
▸ **Kerbel:** Liebt Halbschatten. Für ganzjährigen Genuss Kerbel alle drei bis vier Wochen in einem neuen Topf aussäen.

Ysop & Fenchel

Ysop (*Hyssopus officinalis*) ist ein Bestandteil des Kräuterlikörs Chartreuse, der früher in französischen Klöstern hergestellt wurde. Der leicht bittere Geschmack der Blätter gab dem Ysop den deutschen Namen Essigkraut. Die leuchtend blauen bis rosafarbenen Blüten sorgen für Abwechslung auf dem Balkon. Blühende Triebspitzen und Blätter passen gut zu Kartoffelgerichten, Suppen und Salaten.
Der Gewürz-Fenchel (*Foeniculum vulgare* var. *dulce*) bildet im Gegensatz zum Gemüse-Fenchel keine stark knollenartig verdickten Blattstiele aus. Die jungen, fein gefiederten Blättchen werden dort frisch verwendet, wo der anisähnliche Geschmack erwünscht ist. Die Früchte reifen im Oktober aus.
▸ **Ysop:** Verträgt Vollsonne und ist winterhart. Am besten die Jungpflanzen in einer Gärtnerei erwerben.
▸ **Gewürz-Fenchel:** In großen Töpfen aussäen, da die Pflanze sehr groß wird. Bedingt winterhart, des-

Lebensgefühl à la Provence auf dem Fensterbrett

halb am besten jedes Jahr neu aussäen.

Duftender Lavendel

In der Provence ist der Lavendel (*Lavandula angustifolia*) ein beliebtes Würzkraut, das in Maßen Fisch- und Fleischgerichte verfeinert. Mit seinem harzigen Duft hält er Schädlinge von Pflanzen und Kleidungsstücken fern. Blätter und Blüten werden frisch oder getrocknet verwendet.

▸ **Topfpflanzen** im Frühjahr in der Gärtnerei erwerben. Aussaat ist möglich. Einen Winterschutz aus Laub und Jute vorsehen. Im Frühjahr zurückschneiden.

▸ **Lavendel** wirkt beruhigend und hilft bei Überreizung und Kopfschmerzen.

Smart

Sauce rémoulade

▸ 500 ml Mayonnaise
▸ 1 EL Kapern
▸ 3 Cornichons
▸ Petersilie, Kerbel, Estragon und Schnittlauch

Kapern, Cornichons und Kräuter fein hacken und unter die Mayonnaise rühren. Nach Belieben mit Sardellenpaste abschmecken.

Asia Mix

Korianderpaste

- ▸ 2 Bund Koriander
- ▸ ½ Bund Petersilie
- ▸ 2 Knoblauchzehen
- ▸ 6 EL Erdnussöl
- ▸ 1 EL gemahlenen Kreuzkümmel
- ▸ 1 EL Paprikapulver
- ▸ 1 TL Cayennepfeffer
- ▸ eine Prise Salz

Kräuter, Knoblauch und Gewürze mit 4 EL Öl im Mixer pürieren, kräftig mit Salz abschmecken, in ein Schraubglas (150 ml) füllen und mit 2 EL Öl aufgießen.

Wer zu Hause gern asiatischen Wok-Genüssen nachgeht, braucht dazu neben speziellen Gewürzmischungen auch Kräuter. Auf dieser Seite werden einige der typischen asiatischen Kräuter vorgestellt, die sich auch erfolgreich in Töpfen heranziehen lassen.

Koriander & Petersilie

Koriander (*Coriandrum sativum*) wird in Asien so häufig verwendet wie die Petersilie (*Petroselinum crispum*) in unseren Breiten. Koriandergrün gibt asiatischen Gerichten oft den letzten Schliff. Die aromatischen Samen finden sich in vielen Gewürzmischungen wie Curry oder dem uns bekannten Lebkuchengewürz. Wem das Aroma von frischem Koriandergrün nicht behagt, kann es durch glattblättrige Petersilie ersetzen. Koriander wird wegen seines Geruchs auch Wanzenkraut genannt.

▸ **Koriander** lässt sich gut in Töpfen aussäen. Die Blättchen können den ganzen Sommer über abgezupft werden. Die Samen werden geerntet, sobald der Samenstand braun ist.

Glatte Petersilie ist aromatischer als die krause Form

Würzige Zutaten in der Asia-Küche: Ingwer, Koriander und Schnittlauch

▶ **Petersilie** ist etwas heikel in der Aussaat, deshalb besser im Frühjahr als Jungpflanzen in der Gärtnerei erwerben und in einen Kasten setzen.

Schnittlauch & Knolauch

Der Chinesische Schnittlauch (*Allium tuberosum*) wird oft auch Schnittknoblauch oder einfach nur Knolauch genannt. Er ist viel geschmacksintensiver und hat flachere Blätter als der bei uns beliebte Schnittlauch (*Allium schoenoprasum*). Sein Geschmack

ähnelt dem der Frühlingszwiebeln. Die Blätter werden meist mitgegart. Eine Dekoration aus Schnittlauch-Blüten ist nicht nur schön anzusehen, sondern auch sehr schmackhaft.

▶ **Die Anzucht** gelingt problemlos in Töpfen. Die Pflanzen sind winterhart und treiben im Frühjahr wieder aus.

▶ **Die Erntemenge** sollte nie mehr als zwei Drittel eines Topfes betragen, so kann der Lauch nachwachsen.

Noch mehr Asia-Kräuter

▶ **Anis-Basilikum** (*Ocimum basilicum*): Es ist viel

geschmacksintensiver als das italienische Basilikum und duftet nach Anis. Weitere asiatische Verwandte sind das Thai-Basilikum und das Zitronen-Basilikum.

▶ **Rotes Shiso** (*Perilla frutescens*): In der japanischen Küche werden Shisoblätter fein geschnitten unter Reis gemischt oder zum sashimi, rohem Fischfilet, gereicht.

▶ **Currykraut** (*Helichrysum italicum*): Die silbergrauen Blätter duften nach Curry, sind aber nicht in den Currymischungen enthalten. Nur sparsam verwenden, kurz mitkochen und vor dem Verzehr entfernen. Die Staude ist winterhart.

Hot & Spicy

Chili, Ingwer und Zitro-
nengras auf dem Balkon?
Aber ja, es ist ganz einfach,
wenn einige Regeln beach-
tet werden.

Frische Würzkraft aus dem
Topfgarten: Peperoni und
Zitronengras

Gras mit Zitronenduft

Zitronengras (*Cymbopogon citratus*) ist in unseren Breiten als wüchsige Zimmer-
pflanze bekannt. Im Sommer
braucht es viel Wärme, viel
Wasser und viel Dünger. Im
Winter wird das Gras tro-
cken gehalten, ohne dass es
austrocknet. In einem großen Topf kann das Zitronengras im Zaum gehalten werden. Ist es doch zu groß
geworden, wird es geteilt.
Die Triebe können fortlau-
fend geerntet werden. Dazu
wird ein Trieb oberhalb der
Wurzel abgeschnitten. Die
Blätter werden ebenfalls
abgeschnitten, so dass am
Ende ein 10 bis 13 cm langes
Stück übrig bleibt. Diese
Stücke können eingefroren
werden. Für den Verzehr
werden die äußeren Schich-
ten bis zum rosa Ring entfernt. Fein gehackt kann das
Zitronengras mit verzehrt
werden. Ältere, faserige
Triebe werden im Mörser
zerstoßen und vor dem Verzehr entfernt.
▶ **Tipp:** Einfach einen
Stängel Zitronengras aus
dem Asia-Laden in ein Glas

Wasser stellen. Wenn er
Wurzeln schlägt, können Sie
ihn in die Erde setzen.

Tolle Ingwerknolle

Der Ingwer (*Zingiber offi-
cinale*) fand schon vor
500 Jahren in den Schriften
des Konfuzius Erwähnung.
Sein zitronig-scharfes Aroma
verfeinert viele indische und
orientalische Gerichte und
Chutneys; kandierte Wurzel-
stücke sind eine süß-aro-
matische Versuchung. Der
Anbau ist etwas aufwändig:
Im Herbst wird eine Ing-
werknolle etwa 6 cm tief in
einen großen Topf gelegt
und an einen hellen, war-
men Platz in der Wohnung
gestellt. Ab Mai wird der
Topf an einen warmen, aber
schattigen Platz auf dem
Balkon gebracht. Den Ing-
wer reichlich gießen und
düngen. Im Herbst die Erde
aus dem Topf heben und die
Knollen vorsichtig heraus-
holen. Im Gemüsefach des
Kühlschranks aufbewahren.
Ein Stück Ingwerknolle für
das nächste Jahr einsetzen.
▶ **Ein** Tee aus frisch geriebener Ingwerwurzel hilft bei
Erkältungsbeschwerden.

Scharfe Chilischoten

Bis zur Entdeckung der Neuen Welt und der Einführung der Chilischote (*Capsicum annuum*) in der Alten Welt wurde mit Pfeffer scharf gewürzt. Chili ist als Zutat in Currys und asiatischen, aber auch südamerikanischen Gerichten unverzichtbar. Es gibt über 150 Chili-Sorten. Die Früchte können klein, lang oder paprikaähnlich sein. Die Schärfe der Früchte, die vor allem in den Kernen und Trennwänden sitzt, reicht von mild bis sehr scharf. In jedem Fall ist es empfehlenswert, vor dem Würzen der Speisen die

Scharfe Chilipaste

‣ 250 g frische, rote Chilischoten
‣ 1 TL Salz

Wasser in einem Topf zum Kochen bringen und die geputzten Chilis darin 5–8 Minuten garen. Abgießen, im Mixer zu einer groben Paste pürieren und mit dem Salz verrühren. In ein Schraubglas füllen, mit Frischhaltefolie abdecken und mit dem Deckel verschließen.

Smart

Rote Chilischoten zusammen mit Zitronen-Thymian im dekorativen Korb

Schärfe zu testen. An einem warmen, sonnigen Platz entwickeln sie ihre typische Würze. Unreife, grüne Peperoni sind milder als die ausgereiften roten Schoten. Das Ernten der unreifen Früchte erhöht wie beim Paprika den Fruchtansatz. Die frostempfindlichen Pflanzen werden ab März auf der Fensterbank ausgesät und ab Mitte Mai auf den Balkon gebracht.

Mixed Pickles

Mixed Pickles sind eine besonders schmackhafte Art Gemüse zu konservieren. Verwenden Sie dazu Gemüse und Kräuter aus Ihrem Topfgarten. Bekannte Kräuter für sauer eingelegtes Gemüse sind Dill, Bohnenkraut und Lorbeer.

Kräutermix

Die Kräuter werden mit dem Gemüse in die Gläser geschichtet. Das ist nicht nur dekorativ, sondern verleiht auch ein kräftiges Aroma.
▸ **Dill** (*Anethum graveolens*): Blüten, Stängel und Frucht-

stände werden traditionell mit Dillgurken eingelegt. Die Aussaat ist unkompliziert. Im Sommer laufend junge Blättchen für Salatdressings ernten. Die Samen werden geerntet, wenn sie eine braune Färbung zeigen.
▸ **Lorbeer** (*Laurus nobilis*): Lorbeer ist nicht winterhart und benötigt ein helles, kühles Winterquartier. Achtung: Nicht verwechseln mit dem Kirschlorbeer (*Prunus laurocerasus*), dessen Blätter giftig sind!
▸ **Bohnenkraut** (*Satureja hortensis*): Der pfeffrige Geschmack passt gut zu eingelegtem Gemüse. Bohnenkraut ist anspruchslos. Bei der Aussaat nicht mit Erde abdecken!
▸ **Varianten:** Probieren Sie Thymian, Estragon, Ingwer, Chili oder Zitronengras aus.

Knackiges Gemüse

▸ **Vom Balkon:** Fruchtgemüse wie Gurken, Zucchini, Kürbis, Bohnen, Paprika und kleine Tomaten eignen sich hervorragend zum Einlegen.
▸ **Vom Markt:** Reicht die Ernte nicht aus oder fehlt das Lieblingsgemüse auf

Der Klassiker unter den Einmachgewürzen: Dill

Balkonien, kann man auf dem Markt für Nachschub sorgen. Geeignet sind Möhren, Blumenkohl, Zwiebeln oder Champignons.

Das gewaschene und geputzte Gemüse kann roh oder blanchiert verwendet werden. Das Gemüse wird in Schraubgläser bis dicht unter den Rand gefüllt, damit möglichst wenig Luft im Glas ist.

Rezept für Essigsud

▶ **Essig:** Geeignet sind alle Essigsorten, die mindestens

Gurken eignen sich hervorragend für Mixed Pickles

Scharfe Gurken

- 500 g Schmorgurken
- 125 ml Weinessig
- 125 g Honig
- 2 Chilischoten
- ½ TL Salz, ½ TL Pfefferkörner, ¼ TL Piment

Gurken schälen, entkernen und in Stücke schneiden, Essig mit 70 ml Wasser, Honig und den Gewürzen aufkochen. Gurken 7–8 min im Sud garen. In ein 500-ml-Glas füllen und verschließen.

Smart

4–6% Säure haben. Essig-Essenz hat 15–25% Säure und wird mit Wasser verdünnt.

▶ **Sud:** Für drei Gläser mit je 750 ml Fassungsvermögen benötigen Sie 1/2 l Essig, 250 g Zucker oder Honig, 6 Pimentkörner, zehn Pfefferkörner und Salz. Alles wird sprudelnd aufgekocht und kochendheiß bis an den Rand in die Gläser gefüllt. Die Gläser sofort fest verschließen. Eventuell Ein-machhilfe in den kochenden Sud einrühren.

▶ **Haltbarkeit:** Das eingelegte Gemüse ist an einem kühlen, dunklen Ort bis zu zwei Monate haltbar. Durch Einkochen bei 95°C verlängert sich die Haltbarkeit um etwa vier Monate. Haben Sie keine Möglichkeit zum Einkochen, können Sie den Sud am nächsten Tag abseihen, erneut aufkochen und wieder über das Gemüse geben.

It's Teatime!

Wer sagt, dass man Kräuter nur essen kann? Ein Kräutertee ist nicht nur gesund, sondern auch sehr schmackhaft. Gekühlt sind Kräutertees auch im Sommer ein Hochgenuss.

▸ **Pfefferminze** (*Mentha x piperita*): Sie werden frischen Pfefferminztee lieben und nie wieder zu fertigen Teebeuteln greifen wollen! Minze ist sehr wüchsig und verbreitet sich mit Hilfe von Wurzelausläufern. Geben Sie den Pflanzen daher ein eigenes Gefäß. Zum Trocknen wird die Minze vor der Blüte geerntet.

▸ **Zitronenmelisse** (*Melissa officinalis*): Das feine Zitronenaroma ist erfrischend und verleiht Kräutertees eine besondere Note. Die Blätter werden zum Trocknen vor der Blüte geerntet. Nach einem starken Rückschnitt treiben die Pflanzen aus dem Wurzelstock kräftig aus.

▸ **Drachenkopf** (*Dracocephalum moldavica*) hat lilafarbene Blüten und einen ähnlichen Geschmack wie Zitronenmelisse. Blätter und Blüten können als Tee zubereitet werden.

▸ **Indianernessel** (*Monarda didyma*): Die roten bis violetten Blüten sind ein Blickfang auf dem Balkon. Ihre Blätter duften nach Zitronenmelisse. Blätter und Blüten eignen sich zur Teebereitung. Kaufen Sie am besten eine Staude in der Gärtnerei. Die Indianernessel ist eine anspruchslose Pflanze.

▸ **Kamille** (*Matricaria recutita*): Kamillenblüten geben jedem Kräutertee das gewisse Etwas. Kamille wird im Frühjahr in Schalen oder Kästen ausgesät. Ausdünnen ist notwendig, damit die Einzelpflanzen kräftiger werden. Die anspruchslosen Pflanzen gedeihen überall. Die Blüten werden in Vollblüte geerntet, also drei Tage nach Beginn der Blüte.

▸ **Standort:** Die vorgestellten Kräuter vertragen bis auf die Kamille Halbschatten. Wer trotzdem auf einem halbschattigen Balkon Kamille anbauen möchte, kann auf die winterharte Römische Kamille (*Chamaemelum nobile*) zurückgreifen. Zitronenmelisse, Pfefferminze und Indianernessel sind winterhart; die Töpfe sollten in strengen Wintern allerdings ummantelt werden.

Erfrischend im Sommer: selbst gemachte Zitronenlimonade

Ein schmackhafter Kräutertee ist schnell zubereitet

Heiß und kalt

▶ **Heißer Kräutertee:** Pro Tasse 2 EL frische, klein geschnittene oder 1 EL getrocknete Kräuter in ein Teesieb geben und mit kochendem Wasser aufgießen, maximal 5 min ziehen lassen und abseihen.

▶ **Eistee:** Kräutertee abkühlen lassen. Schneller geht's, wenn der Kräutertee mit der halben Menge Wasser aufgegossen und die gleiche Menge Wasser in Eiswürfelform zugegeben wird.

▶ **Tee nach Art des Hauses:** Kreieren Sie Ihre eigene Teemischung. Grundkräuter sind Minze, Melisse und Salbei. Fügen Sie je nach Geschmack Blüten oder Blätter von Lavendel, Ringelblume, Kamille, Rosmarin, Thymian oder andere Lieblingskräuter hinzu.

▶ **Tee zum Baden:** 1–2 Handvoll frische Kräuter in einen Teefilter geben, mit 1 l kochendem Wasser aufgießen, 10 min ziehen lassen und nach Belieben mit 1 l Milch ins Badewasser geben.

Smart

Zitronenlimonade

▸ 850 ml kaltes Wasser
▸ 150 ml Zitronensaft
▸ 2 EL Zucker
▸ 5 Triebe Pfefferminze

Wasser und Zitronensaft in einen großen Krug geben. Zucker und klein geschnittene Pfefferminze hinzugeben und umrühren. Nach Geschmack mehr Zucker, Zitrone oder Minze zugeben. Mit Eiswürfeln und Zitronenscheiben anrichten.

Blüten für Gaumenfreuden

Genießen Sie die Blüten-
pracht auf dem Balkon und
auf Ihrem Teller. Salate und
kalte Platten mit essbaren
Blüten zu dekorieren, liegt
derzeit stark im Trend. Die
wichtigsten Blütenlieferan-
ten sind Kapuzinerkresse,
Studentenblumen, Borretsch
und Ringelblumen. Sie können in eigene Töpfe oder zu
anderen Nutzpflanzen gesät
werden.

▶ **Kapuzinerkresse** (*Tropaeo-
lum majus*): Nicht nur die
roten und gelben Blüten,
sondern auch die Blätter,
Knospen und jungen Früchte
haben einen intensiven Senf-
geschmack. Die Knospen
können wie Kapern einge-
legt werden. Bei zu starker
Düngung sind die Pflanzen
nicht blühwillig. Die Triebe
können an einer Kletterhilfe
empor ranken.

▶ **Borretsch** (*Borago officinalis*): Die strahlend blauen
Blüten setzen Akzente unter
den essbaren Blüten. Das
intensive Blau wirkt in
einem grünen Salat sehr
interessant. Die gesamte
Pflanze duftet nach Gurken
und wird deshalb auch
Gurkenkraut genannt. Die
jungen Blätter können fein
gehackt in Salate gegeben
werden. Borretsch benötigt
einen tiefen Topf und eine
Stütze.

▶ **Gewürz-Tagetes** (*Tagetes
tenuifolia*): Die feinen Blätter und gelben bis orangefar-
benen Blüten können frisch
als Gewürz oder getrocknet
in Potpourris verwendet
werden. Die gesamte Pflanze
verströmt einen angeneh-
men Geruch, der Blattschäd-
linge von Nachbarpflanzen
fern hält. Die Art *Tagetes
lucida* duftet nach Estragon
und Anis und kann Teemi-
schungen beigefügt werden.

▶ **Ringelblume** (*Calendula
officinalis*): Es gibt hellgelb
bis tieforange blühende,
gefüllte und ungefüllte Sorten. Getrocknet können
die Blütenblätter in Teemi-
schungen und Potpourris
verwendet werden. Die
Pflanzen sind anspruchslos
und vertragen einen voll-
sonnigen Standort.

Noch mehr „schnelles Gemüse"

> Blüteneiswürfel: Blüten in Eiswürfelbereiter oder
Gefrierfach legen und zur Hälfte mit Wasser auffüllen,
nach dem Gefrieren mit Wasser auffüllen und noch-
mals einfrieren.

> Blütenzucker: Getrocknete, aromatisch duftende Blüten
von Lavendel, Minze oder Orange mit Zucker vermischen,
zwei Wochen ziehen lassen.

> Blütentee: Teeglas zu einem Drittel locker mit verschiedenen Kräuterblüten und Ringelblumen füllen,
mit kochendem Wasser übergießen und 5 min ziehen
lassen.

Frisch oder getrocknet

Blüten geben süßen und
pikanten Gerichten den letzten Pfiff. Blütenzucker verfeinert Tee und Süßes. Blü-

Frischer Salat mit Blüten von Borretsch und Kapuzinerkresse ist Augen- wie auch Gaumenschmaus

teneiswürfel zieren jedes kühle Getränk. Als Topping auf Salaten, Desserts und Brotaufstrichen isst das Auge mit.

▸ **Putzen:** Kleine Blüten können ganz verwendet werden. Vor dem Verzehr von großen Blüten ist es empfehlenswert, die Blütenblätter vorsichtig aus dem Kelch zu zupfen.

▸ **Trocknen:** Blütenköpfe abschneiden und auf Küchenpapier mit dem Kelch nach oben trocknen

Smart

Welche Blüten?

> **Blüten von** Kräutern wie Pfefferminze, Lavendel und Schnittlauch, Kürbis- und Zucchiniblüten, Apfel- und Zitronenblüten, Blüten von Duft-Pelargonien, -Veilchen oder Sonnenblumen können Sie genießen.

> **Vorsicht:** Blüten von Kartoffeln und Platterbsen darf man nicht essen, denn sie sind giftig.

lassen. Wenn sie vollständig getrocknet sind, können die Blüten in fest verschließbaren Gläsern aufbewahrt werden.

▸ **Einlegen:** Blütenessig ist schnell angesetzt und verfeinert viele Speisen: 4–8 EL Blütenblätter mit 450 ml Weißweinessig aufgießen, zwei Wochen ziehen lassen, abseihen und mit frischen Blüten dekorieren. Kapuzinerkresseblüten färben den Essig in ein sonniges Goldorange.

Spezial

Duft liegt
in der Luft

Stellen Sie duftende Kräuter in Sitzplatznähe oder an einem Ort auf, an dem Sie häufig vorbeikommen. Scheint die Sonne, verdunsten ätherische Öle und verwöhnen Ihre Sinne. Holen Sie sich diese Aromapflanzen auch in die eigenen vier Wände!

Gefäße mit Zitronengras, Heliotrop, Lavendel und Duft-Pelargonien können auch in der Wohnung Wohlgeruch verbreiten. Potpourris und Kräuterkissen erfüllen den Raum mit schönen Düften.

▸ **Potpourris:** Getrocknete Kräuter, Blüten und Gewürze werden mit Duftölen vermischt. In einer Metalldose etwa eine Woche ziehen lassen und dann in Schalen aufstellen. Lässt der Duft nach, kann mit ätherischen Ölen aufgefrischt werden. Lavendelblüten, Rosmarin und Thymian, zu gleichen Teilen mit einigen Tropfen Lavendelöl vermischt, erinnern an einen Urlaub in der Provence. Erfrischend wirken Pfefferminze und Zitronenmelisse mit einigen Tropfen Zitronen- oder Melissenöl.

▸ **Kräuterkissen** Pfefferminze, Lavendel und Rosmarin zu gleichen Teilen mit drei Teilen Blättern der Duft-Pelargonie sorgfältig trocknen, mischen und in ein Baumwollsäckchen füllen.

1 Erfrischend zitronig duften einige unserer Küchenkräuter und ihre nahen Verwandten. Neben der bekannten Zitronenmelisse (*Melissa officinalis*) verbreiten auch Zitronen-Thymian (*Thymus × citriodorus*) und Zitronen-Minze (*Mentha × gracilis* var. *citrata*) einen frischen Duft nach Zitronen. Das tropische Zitronengras (*Cymbopogon citratus*) setzt sein Aroma nach dem Zerkleinern frei. Die Zitronenverbene (*Aloysia triphylla*) verströmt ebenfalls einen intensiven Duft.

2 **Lavendelduft** wirkt beruhigend auf Geist und Seele. Getrocknete Blüten in Kräuterkissen und Potpourris bringen diesen Duft auch in die eigenen vier Wände. Für Abwechslung auf Balkonien sorgen Sorten mit weißen Blüten ('Alba'), blassrosa Blüten ('Loddon Pink') oder intensiv violetten Blüten ('Hidcote'). Eine nach Vanille duftende Pflanze ist der Heliotrop (*Heliotropium arborescens*), auch Vanilleblume genannt. Die getrockneten, lilafarbenen Blüten finden in Potpourris Verwendung. Der violett blühende Drachenkopf (*Dracocephalum moldavica*) duftet nach Zitrone.

3 **Duft-Pelargonien** sind vielseitige Aromapflanzen. Sie können nach Rosen (*Pelargonium graveolens*), Äpfeln (*P. odoratissimum*), Zitronen (*P. crispum*) oder sogar Pfefferminze (*P. tomentosum*) duften. Die Hauptattraktion sind hier die Blätter, die Blüten sind klein und unscheinbar. Beide verfeinern nicht nur Tees und Gebäck, sondern auch Potpourris. Machen Sie auf jeden Fall einen Dufttest vor dem Kauf. Duft-Pelargonien lieben volle Sonne. Im Winter werden sie hell und kühl gehalten. Rückschnitt ist notwendig.

Anbauen, pflegen, schützen

Gemüse-Leidenschaft

Für den Balkongärtner gibt es eine ganze Palette von Gemüsearten, aus der er wählen kann. Zu beachten sind Standortansprüche, Zeit bis zur Ernte und natürlich die Besonderheiten der Pflanze. Große Pflanzen wie Zucchini benötigen große Gefäße, um optimal wachsen zu können. Gemüse mit ausladenden Wurzeln wie Meerrettich und Karotten sind schwierig in Töpfen zu kultivieren. Greifen Sie auf Jungpflanzen zurück, die in Gartencentern und Gemüse-Gärtnereien im Frühjahr angeboten werden, um die manchmal aufwändige Aussaat zu umgehen.

Klein, aber oho!

Suchen Sie in Samenhandlungen und Saatgutkatalogen nach sogenanntem „Mini-Gemüse". Das sind Sorten, die sowohl im Wuchs als auch in der Fruchtgröße klein bleiben und sich hervorragend für die Topfkultur eignen. Zwergformen gibt es unter anderem für Tomaten, Grünkohl, den in Asien beliebten Pak Choi, für Zucchini und Auberginen. Auch auf einem kleinen Balkon braucht auf Gemüse nicht verzichtet zu werden. Setzen Sie um eine Tomate Salatpflanzen oder Erdbeeren – schon haben Sie einen kleinen Küchengarten!

Gemüse selbst aussäen

▸ **Vorkultur:** Tomaten und Paprika werden ab März auf der Fensterbank ausgesät. Für die Vorkultur eignen sich besonders gut Torftöpfchen, die mit Aussaaterde gefüllt werden. Die Samen werden in die Erde gesteckt. Die Töpfchen müssen feucht gehalten werden, was gut in einem Mini-Gewächshaus gelingt. Ab Mai werden die Pflänzchen an wolkigen Tagen abgehärtet und etwa ab Mitte Mai auf dem Balkon ausgepflanzt.

Einfache Gießregeln

> Am besten morgens gießen, bei Bedarf an heißen Tagen am späten Nachmittag oder frühen Abend noch einmal gießen.

> Einmal kräftig und durchdringend ist besser als häufig wenig zu gießen. Stehendes Wasser aus Untersetzern und Übertopfen nach 30 Minuten entfernen.

> Abzugslöcher und eine Dränage aus Kies oder Tonscherben sorgen für einen schnellen Abfluss überschüssigen Wassers.

> Machen Sie die Fingerprobe! Legen Sie Ihre Fingerkuppen leicht auf die Erdoberfläche. Bleiben Erdteilchen haften, braucht noch nicht gegossen zu werden.

> Wasser nicht über die Blätter gießen. Das fördert den Pilzbefall.

Aus kleinen Setzlingen werden innerhalb kurzer Zeit stattliche Pflanzen

▸ **Direktsaat:** Die meisten Gemüsepflanzen können direkt auf dem Balkon ausgesät werden. Auch hier muss man die Erde ständig feucht halten, bis die junge Pflanze drei bis vier Blättchen hat.

Junges Gemüse

Im Frühjahr und Sommer gibt es ein reichhaltiges Angebot an kleinen Gemüsepflanzen. Die Auswahl reicht von diversen Salat- und Kohlpflanzen in kleinen Torfpellets bis hin zu Kürbisgewächsen und Tomaten in Töpfen. Kaufen Sie kälteempfindliche Arten wie Gurken, Zucchini, Auberginen und Tomaten nicht vor Mitte Mai. Die Setzlinge soll-

ten kräftig und gesund aussehen und der Topfballen gut durchfeuchtet sein. Welke Pflanzen erholen sich selten vollständig.

Gemüse richtig pflegen

▸ **Gießen:** Große Gemüsepflanzen wie Gurken und Tomaten brauchen während der Fruchtreife besonders viel Wasser.

▸ **Düngen:** Im Allgemeinen ist ein Universaldünger ausreichend, um Blatt- und Fruchtgemüse gleichermaßen zu versorgen. Mit Tomatendünger können auch andere Fruchtgemüse wie Paprika und Gurken gedüngt werden.

▸ **Topfgröße:** Gemüsepflanzen benötigen viel Wurzelraum zum Gedeihen. Für Tomaten & Co. sollten die Töpfe einen Durchmesser von etwa 25 cm haben. Salat gedeiht auch in kleineren Töpfen.

Wichtig zu wissen

> **Ihr Balkon** hat nur eine begrenzte Tragekapazität (ca. 250 kg/m²). Gewichte von Topfmaterial, Erde und Dränage können sich aufsummieren. Große Kübelpflanzen werden so schnell zu „Schwergewichten".

> **Leichter** wird's mit Töpfen und Kästen aus Kunststoff und Blähton für die Dränageschicht.

Smart

Obstgenuss pur

An einem sonnigen bis halbschattigen, geschützten Standort gedeihen Obstgehölze besonders gut. Selbstgezogene Sämlinge blühen und fruchten erst nach ein paar Jahren und die Fruchtqualität kann sehr stark schwanken. Kaufen Sie daher lieber Kübelpflanzen aus dem Gartenfachhandel.

Auf kleinstem Raum

Bedenken Sie bei der Anschaffung von Topfobst, dass diese Kübelpflanzen viel Platz in Anspruch nehmen. Möchten Sie beispielsweise auch Gemüse und Kräuter in Töpfen kultivieren, müssen Sie sorgfältig planen. Auf sehr kleinen Balkonen sind Erdbeeren in Kästen und Ampeln sehr zu empfehlen. Monatserdbeeren können den ganzen Sommer über geerntet werden und nehmen nicht viel Platz weg. Topfobst ist nur auf großen Balkonen wirklich zu empfehlen. Obstbäumchen können Ausmaße von bis zu 3,50 m im Durchmesser annehmen. Beerensträucher können bis zu 1,50 m in die Breite gehen.

Beim Kauf beachten

Kleine Obstbäume sollten einen senkrechten Mitteltrieb mit drei bis vier Seitentrieben aufweisen. Bei einem Niederstamm entspringen die Seitentriebe in einer Höhe von 40 bis 60 cm. In dieser Höhe beginnt die Krone. Bereits erzogene Spalierbäumchen sind meist teurer als einfache Jungpflanzen, aber für den Balkon besonders gut geeignet. Veredlungen auf schwachwachsenden Unterlagen sind empfehlenswert. Besser Pflanzen in Töpfen kaufen, denn diese sind schon an das Leben im Topf gewöhnt. Nach dem Kauf unbedingt in einen größeren Topf umsetzen!

Pflege-Einmaleins

▶ **Gießen:** Besonders an heißen Sommertagen öfter den Wasserbedarf kontrollieren. Der Topfballen darf sich nicht vom Rand lösen. Ist der Topf beim Anheben sehr leicht, muss gegossen werden.

▶ **Düngen:** Ein Universaldünger ist ausreichend. Darüber hinaus gibt es Spezialdünger für Obstpflanzen, die typische Mangelerscheinungen verhindern. Kaliumbetonter

---

Noch mehr „schnelles Gemüse"

> **Ballerina:** Lange Seitentriebe auf drei Knospen zurückschneiden, ggfs. Höhe zurücknehmen.

> **Spindel:** steil stehende Triebe entfernen, auf waagerechte Triebe ableiten.

> **Spalier:** Triebe, die die Erziehungsform beeinträchtigen, auf vier Knospen zurückschneiden.

> **Stämmchen:** Austriebe unterhalb der Kronenhöhe entfernen, Wildtriebe aus der Unterlage beseitigen.

Ein Apfelbäumchen wurde hier zu einem Spalier erzogen

Alles im Kübel

> **Gefäße aller Art** sind geeignet; falls nicht vorhanden, Löcher für den Wasserabzug hineinbohren.
> **Körbe und Holzkübel** mit fester Plastikfolie auslegen, keine Abzugslöcher notwendig.
> **Dränage** aus Tonscherben 3 cm stark auf den Topfboden legen.
> **Gießrand** von etwa 2–3 cm vorsehen.

Beerendünger fördert Fruchtansatz und Reife bei Johannisbeeren, Erdbeeren und anderen Beerenfrüchten.

▸ **Umtopfen:** Alle zwei bis drei Jahre ist es Zeit, die Obstgehölze umzutopfen. Wählen Sie einen Topf, der etwa 5 cm größer ist. Nach dem Umtopfen muss die Veredlungsstelle über dem Substrat liegen.

▸ **Winterschutz:** Nur bis Spätsommer düngen, damit die Triebe ausreifen können und im Winter nicht erfrieren. Topfballen im Winter abdecken und an die Hauswand rücken. Mediterrane Obstgehölze und Pfirsiche in einem frostfreien, hellen Raum überwintern.

Schnittmaßnahmen

Im Spätwinter oder zeitigen Frühjahr werden die meisten Schnittmaßnahmen durchgeführt. Eine Faustregel, die sich leicht merken lässt, lautet: Je stärker der Rückschnitt, desto kräftiger der Austrieb. Immer auf eine nach außen weisende Knospe schneiden. Triebe sollten sich nicht kreuzen oder zu dicht beieinander stehen.

▸ **Auslichtungsschnitt:** zu dicht stehende oder nach innen wachsende Äste entfernen.

▸ **Erhaltungsschnitt:** Form wahren oder wiederherstellen, ggf. Größe begrenzen, Rückschnitt der abgetragenen Äste auf drei Knospen.

▸ **Verjüngungsschnitt:** altes und krankes Holz entfernen, überalterte Triebe auf junge Seitentriebe oder auf Knospen zurücknehmen.

Kräuterlust

Einjährige Kräuter können schon ab April, kälteempfindliche Kräuter erst ab Mitte Mai ausgesät werden. Kaufen Sie mehrjährige Kräuter wie Rosmarin und Lorbeer als Topfpflanzen. Im Frühjahr und Sommer gibt es eine große Auswahl an Kräutern in Töpfen zu kaufen.

▸ **Kauftipps:** Wählen Sie kleine Töpfe aus. Die Kräuter sollten kräftig und geund sein, also keine gelben oder stark beschädigten Blätter haben. Der Topfballen sollte weder ausgetrocknet noch zu nass sein. Scheuen Sie sich nicht, den Wurzelballen vor dem Kauf aus dem Topf zu ziehen. Die Wurzeln sollten weiß und nicht dunkel verfärbt sein. Die Pflanzen müssen in größere Töpfe gesetzt werden, sobald ihnen die Verkaufstöpfe zu klein geworden sind.

Kräuter richtig pflegen

▸ **Gießen:** Kräuter mögen es lieber trocken als zu nass. Trotzdem dürfen die Töpfe nicht austrocknen.

▸ **Düngen:** Kräuter, die zu oft gedüngt werden, verlieren an Aroma. Einjährige Kräuter werden in der Regel nicht gedüngt. Zeigen sie jedoch Mangelerscheinungen wie Blattvergilbungen, werden sie gedüngt. Mehrjährige Kräuter werden alle sechs Wochen mit der Hälfte der normalen Dosierung gedüngt.

▸ **Umtopfen:** Topfdurchmesser mindestens 15 cm oder 5 cm größer als der alte Topf wählen.

▸ **Winterschutz:** Mehrjährige winterharte Kräuter können auf dem Balkon überwintert werden, frostempfindliche Kräuter wie Lorbeer oder Rosmarin in einem kühlen, hellen Raum.

Kräuter ernten

Das regelmäßige Ernten der frischen Triebe und Blätter fördert einen kräftigen Neuaustrieb. Die Kräuter vor dem Verzehr vorsichtig abwaschen und auf Küchenpapier abtrocknen. Die meisten Kräutern haben kurz vor der Blüte den höchsten Anteil an ätherischen Ölen und sollten dann geerntet werden. Lavendel, Thymian und Oregano bilden eine Ausnahme, sie werden während der Blüte geerntet.

Nachwuchshilfen

> **Anzuchterde:** weitgehend keimfreie Spezialerde für Aussaaten und Stecklinge

> **Torfquelltöpfe:** flache Scheiben, die mit Wasser zum Quellen gebracht werden; gut für Stecklingsvermehrung geeignet

> **Torftöpfe:** Töpfe aus Torfmaterial, erleichtern das Umsetzen von Sämlingen, werden im Boden zersetzt

> **Mini-Gewächshaus:** schafft ein feuchtwarmes Klima für kleine Pflanzen

Regelmäßig geerntet, wachsen Kräuter wieder kräftig nach

Kräuter in Topform

▸ **Rückschnitt:** Mehrjährige Aromageber, die sowohl krautige Pflanzen als auch Kräuter und Halbsträucher sein können, vertragen nach der Blüte einen kräftigen Rückschnitt, damit sie kompakt bleiben und nicht zu stark verholzen (z. B. Minze oder Salbei).

▸ **Formschnitt:** Lorbeer- und Rosmarinpflanzen können problemlos zu Kugelbäumchen geschnitten werden. Dazu werden Formen aus Draht über die Pflanze gestülpt und die überragenden Triebe entsprechend passgenau in Form geschnitten. Im Juni ist der beste Zeitpunkt für den Formschnitt. Mit etwas Übung sind auch kompliziertere Formen wie Spiralen und Pyramiden möglich.

Aromatische Vielfalt

> **Fruchtige Note:** Zitronen-, Orangen- und Apfel-Minze, Ananas-Salbei oder Mandarinen-Salbei.

> **Buntes Laub:** Pfefferminze, Zitronenmelisse, Thymian, Majoran und Salbei.

Aus eins mach zwei

▸ **Teilung:** Den Topfballen mit einem scharfen Messer in der Mitte durchschneiden (Schnittlauch, Zitronengras).

▸ **Absenker:** Lange Triebe in einen Topf mit Erde lenken und mit einer Drahtklammer feststecken. Sobald die Pflanzen bewurzelt sind, werden sie von der Mutterpflanze getrennt (Minze, Rosmarin).

▸ **Stecklinge:** 5–7 cm lange Triebspitzen in die Erde stecken und mit einer Haube abdecken. Nach dem Bewurzeln in Töpfe setzen.

Spezial

Wasser
marsch!

Eine alte Gärtnerregel besagt, dass Pflanzen eher tot gegossen werden, als dass sie vertrocknen. Also gießen Sie nicht einfach blind drauflos, sondern achten Sie darauf, ob die Pflanzen überhaupt Wasser benötigen.

Gießen ist kein Problem, solange man zu Hause ist. Aber was tun, wenn man übers Wochenende verreist oder sogar längere Zeit im Urlaub ist? Gartencenter halten viele Hilfsmittel bereit. Für ein Wochenende oder maximal eine Woche spenden Bewässerungskugeln Ihren Pflanzen Wasser. Sie werden am besten schon beim Ein- oder Umtopfen in den Topf gesetzt, sonst können die Wurzeln oder die Glaskugel beschädigt werden. Das Tropf-Blumat-System hält da schon bedeutend länger. Die Anschlussmöglichkeiten reichen vom kleinen Wassergefäß bis zum Direktanschluss an den Wasserhahn. Wollen Sie das Gießen ganz der Technik überlassen, lohnt sich die Anschaffung einer vollautomatischen Bewässerungsanlage. Dafür benötigen Sie einen Wasseranschluss in Balkonnähe.

Kontrollieren Sie Ihre Gießhilfen regelmäßig, ob sie genügend Wasser an die Pflanzen abgeben. Machen Sie vor längerer Abwesenheit unbedingt einen Test mit dem System Ihrer Wahl, damit es später keinen Ärger gibt. Keine Zeit oder Lust auf technische Hilfsmittel? Altbewährt: gegenseitige Nachbarschaftshilfe!

1 Bewässerungskugeln: Die bunten Glaskugeln stillen nicht nur den Durst Ihrer Pflanzen, sondern sind auch schön anzusehen. Die dekorativen Accessoires haben ein Fassungsvermögen bis zu einem ½ l Wasser. Mit Wasser gefüllt werden sie je nach Fabrikat mit dem Glasfuß auf einen Tonkegel gesetzt oder in die Erde gesteckt. Feuchtigkeit wird an die Erde abgegeben, sobald diese trocken wird. Bewässerungskugeln sind eine gute Versorgung übers Wochenende. Unschöne Veralgungen im Innern der Kugeln können mit Zitronensäure entfernt werden. Eine Kugel kann einen kleinen Kräutertopf gut übers Wochenende versorgen. Für einen großen Kübel mit Tomaten sind mindestens zwei Kugeln erforderlich.

2 **Tropf-Blumat:** Besteht aus einem dünnen Schlauch, der einen Tonkegel mit einem höher stehenden Wassertank verbindet. Sobald die Erde austrocknet, entsteht ein Unterdruck im Tonkegel. Wasser wird vom Wassertank aus in den Schlauch geleitet und tropft auf die Erde. Die Wassermenge kann mit einem Schalter reguliert werden. Mehrere Tropfer können beliebig miteinander verbunden werden. Die Dauer der Bewässerung ist durch die Größe des Tanks limitiert. Das System kann auch an den Wasserhahn angeschlossen werden.

3 **Gießkanne:** Das wichtigste Gerät auf dem Balkon sollte einen langen Gießhals und einen abnehmbaren Brausekopf haben. Kannen aus Zink sind sehr dekorativ, bei größerem Fassungsvermögen aber schwer zu tragen. Leichter sind dagegen Kunststoffkannen. Tipp: Lassen Sie beim Eintopfen einen hohen Gießrand. So erleichtern Sie sich das Gießen.

4 **Wasserdepot:** Wie bei einem großen Hydrotopf befindet sich unter dem Balkonkasten ein Raum, in dem Wasser gesammelt wird. Das Wasser wird eingefüllt, bis die Anzeige einen optimalen Wasserstand anzeigt. Dochte ziehen das Wasser in die trockene Erde. Die Kästen müssen absolut waagerecht hängen oder stehen.

Blattlaus & Co.

Plagegeister an Pflanzen sicher zu erkennen, ist schon der erste Schritt zur erfolgreichen Bekämpfung.

Vertrauen ist gut, Kontrolle besser

Überprüfen Sie regelmäßig Ihre Pflanzen auf Schädigungen. Zuerst fallen natürlich Fraßschäden auf, die meist von Käfern oder Raupen verursacht werden. Blätter zeigen Löcher oder sind in ihrer Blattfläche dezimiert. Punktförmige Verfärbungen und klebrige, glänzende Flecken auf Blättern sind ein Indiz für saugende Insekten. Schauen Sie auch auf die Blattunterseite, dort fühlen sich Blattläuse, Weiße Fliege und Spinnmilben wohl. Weiße Fliegen flattern bei Bewegungen an den Blättern auf. Morgens sind sie noch träge und lassen sich gut bekämpfen. Unterschiedlich gefärbte, klar umgrenzte Flecken, weiße, mehlige Beläge und

braune oder orangefarbene Pusteln auf Blättern werden durch Schadpilze hervorgerufen. Kirschfruchtfliege, Apfelwickler & Co. bohren Löcher in Früchte, durch die sich die meist als Maden bezeichneten Larven durchfressen. Doch nicht alle Schäden werden durch Insekten oder Pilze verursacht. Pflegefehler und ungünstige Witterungsfaktoren können die Pflanzen gleichermaßen beeinträchtigen. Welkt die gesamte Pflanze, muss schnell gehandelt werden. Löst sich die trockene Erde bereits vom Topfrand, hilft nur Tauchen in einem Eimer Wasser, bis keine Bläschen mehr aufsteigen. Doch auch Staunässe kann schaden. Nehmen Sie die Pflanze aus dem Topf und drücken Sie den Topfballen vorsichtig, damit das überschüssige Wasser ablaufen kann. Gegen Welkeschäden durch Nachtfröste sollten Sie auf den regionalen Wetterbericht achten und empfindliche Kulturen abdecken.

Blattläuse

Aphidina spec.

▸ **Aussehen:** Gelb, grün oder schwarz, etwa 3 mm groß.

▸ **Schadbild:** Kolonien an jungen Trieben und auf der Blattunterseite, von Honigtau verklebte Blätter, durch Saugtätigkeit verkrüppelte Blätter und Triebe.

▸ **Vorbeugen:** Nützlinge fördern bzw. einsetzen, stark duftenden Lavendel, Heliotrop oder Studentenblumen in die Nähe stellen.

▸ **Bekämpfen:** Läuse abstreifen oder zerquetschen, Seifenlauge oder Knoblauchtee sprühen, stark geschädigte Blätter und Triebe entfernen.

Spinnmilben

Tetranychus urticae

▶ Aussehen: Kleine, rote oder gelbe Milben, die Gespinste bilden.

▶ Schadbild: Gespinste auf der Blattunterseite, später auch am Blattstängel, auf der Blattoberseite Kreise aus gelben Punkte, Blätter welken und fallen ab.

▶ Vorbeugen: Die Pflanzen nicht zu dicht zueinander stellen, an heißen, trockenen Tagen Wasser vernebeln.

▶ Bekämpfen: Knoblauchtee sprühen, Entfernen befallener Pflanzenteile oder bei starkem Befall ganzer Pflanzen, Raubmilben einsetzen.

Minierfliegen

Agromyzidae

▶ Aussehen: Kleine Fliegen, weiße Larven mit zugespitztem Kopfende.

▶ Schadbild: Fraßgänge in den Blättern mit Schlangenlinienverlauf, an deren Ende die verpuppten Larven sichtbar sind, schädigend bei starkem Befall

▶ Vorbeugen: Aufhängen von geleimten Gelbtafeln zum Abfangen der Fliegen.

▶ Bekämpfen: Entfernen der befallenen Blätter, Larven im Blatt am Ende des Minierganges mit dem Fingernagel zerdrücken.

Echter Mehltau

Sphaerotheca spec.

▶ Aussehen: Weißes Pilzmyzel breitet sich auf der Pflanze aus.

▶ Schadbild: Weißer, mehliger Belag auf der Ober- und Unterseite von Blättern, Trieben und Früchten. Bei stärkerem Befall welken die Blätter, verstärkt bei schwül-warmer Witterung auftretend.

▶ Vorbeugen: Mehltautolerante bzw. -resistente Sorten verwenden, Blätter beim Gießen nicht benetzen, Knoblauchzehen in die Töpfe setzen.

▶ Bekämpfen: Ackerschachtelhalmbrühe und Knoblauchtee sprühen. Entfernen befallener Pflanzenteile.

Zeitgemäßer Pflanzenschutz

Unsere Balkonpflanzen sind einer Vielzahl von Feinden ausgeliefert. Eine optimale Pflege und ein geeigneter Standort können den Schädlingsbefall mindern. Die Grundregel lautet: Vorbeugen ist immer besser als Bekämpfen!

Gezielt vorbeugen

Damit Kübelpflanzen gesund bleiben, müssen sie ausreichend gewässert und nach Bedarf gedüngt werden. Stellen Sie die Töpfe nicht zu dicht auf, damit die Luft dazwischen gut zirkulieren kann. Achten Sie beim Kauf von Obst- und Gemüsepflanzen auf mehltautolerante bzw. -resistente Sorten.

▸ **Mischkultur:** Bevorzugen Sie das muntere Durcheinander. Setzen Sie also nicht zu viele Pflanzen einer Familie wie Tomaten, Auberginen und Paprika (Nachtschattengewächse), Gurken, Zucchini und Kürbis (Kürbisgewächse) oder Kohlpflanzen zusammen. Stark duftende Pflanzen wie Lavendel, Heliotrop, Bohnenkraut oder Studentenblumen halten Schädlinge fern.

Rechtzeitig bekämpfen

Nehmen die Schädlinge überhand, muss gezielt bekämpft werden. Geeignete Spritzbrühen können ohne Aufwand zu Hause hergestellt werden. Die Zutaten gibt es im Supermarkt, im Reformhaus oder in der Apotheke, die Rezepte im Kasten. Soweit nicht anders angegeben, werden die Mittel unverdünnt mit einer Sprühflasche im Abstand von zwei bis drei Tagen auf die betroffenen Pflanzen gesprüht.

▸ **Schmierseife:** Die Atmungsorgane und die Außenhaut von Blattläusen und anderen weichhäutigen Insekten werden beschädigt. Doch auch Nützlinge werden nicht verschont. Daher nicht

Kochen, rühren, sprühen

> **Schmierseifenlösung:** für 1 l 2%ige Lösung etwa 20 g bzw. 20 ml Schmierseife in 1 l heißem Wasser auflösen, abkühlen lassen; als Zusatz in anderen Brühen sorgt sie für eine bessere Haftung auf den Blättern.

> **Knoblauchtee:** für einen 1/2 l etwa 1 TL gehackten Knoblauch (oder Zwiebeln) mit einem 1/2 l kochendem Wasser wie bei einem Teeaufguss aufbrühen, abgedeckt 10 min ziehen lassen, abseihen und abkühlen lassen.

> **Ackerschachtelhalmbrühe:** für 1/2 l 5 g getrockneten Ackerschachtelhalm in 1/2 l kaltem Wasser 24 Stunden einweichen, mit dem Einweichwasser eine halbe Stunde abgedeckt köcheln lassen, abkühlen lassen, abseihen und 1:5 mit kaltem Wasser verdünnen.

> **Brennnesselauszug:** für 1 l 100 g frische oder 10–15 g getrocknete Brennnesseln mit 1 l kaltem Wasser aufgießen, nach max. einem Tag und mehrmaligem Umrühren abseihen.

anwenden, wenn sich Nützlinge auf den Pflanzen befinden!

▸ **Knoblauch:** Knoblauchgeruch schreckt Spinnmilben und Blattläuse ab. Die keimhemmenden Inhaltsstoffe wirken gegen Mehltau.

▸ **Ackerschachtelhalm:** Die enthaltene Kieselsäure wirkt pflanzenstärkend. Wird vorbeugend und bekämpfend gegen Pilzerkrankungen eingesetzt. Bei Mehltaubefall drei Tage hintereinander, zur Vorbeugung ab dem Frühjahr regelmäßig anwenden. Besonders wirksam an sonnigen und trockenen Tagen.

▸ **Brennnesseln:** Bei geringem Befall von Blattläusen, Weißer Fliege und anderen Blattsaugern einsetzen, um die Abwehrkräfte der Pflanze zu stärken.

Aus einigen Pflanzen können wirksame Spritzmittel hergestellt werden

Wenn nichts anderes mehr hilft

Die Anwendung von chemischen Pflanzenschutzmitteln auf Balkonen und im Hausgebrauch ist sehr eingeschränkt. Zum Verzehr bestimmte Pflanzen sollte man grundsätzlich nicht mit chemischen Präparaten behandeln. Vorbeugende und sanfte biologische Maßnahmen sind auf dem Balkon der Chemie immer

Smart

Auf den Leim gegangen

> **Gelbtafeln** mit Leim fangen geflügelte Schädlinge wie Blattläuse, Weiße Fliege und Minierfliegen und erleichtern die Kontrolle. Sie können in die Pflanzen gehängt werden.

vorzuziehen. Manche Krankheiten an Obstgehölzen, etwa Echter Mehltau, lassen sich allerdings nur mit Chemie bekämpfen, wenn die Pflanze erhalten werden soll. Verwenden Sie aber nur im äußersten Fall chemische Mittel und lassen Sie sich vorher im Fachhandel gründlich beraten. Halten Sie die chemisch behandelten Pflanzen außerhalb der Reichweite von Kindern und Haustieren.

Marienkäfer & Co.

Die kleinen Helfer können leicht auf dem Balkon angesiedelt werden.

Natur pur auf Balkonien

Marienkäfer, Schwebfliegen und andere Insekten zählen zu den Nützlingen, da sie mit Vorliebe pflanzenschädigende Insekten wie Blattläuse und Spinnmilben vertilgen. Auch auf einem Balkon können die hilfreichen Gesellen angesiedelt werden. Eine Mischung aus Feldblumensamen, Borretsch, Kamille und Dill bietet vielen Insekten Nektar und Pollen als Nahrung an. Die Nützlinge legen ihre Eier bevorzugt in die Nähe von Schädlingen. Seien Sie also mutig und lassen Sie einige Pflanzen ruhig etwas „verlausen"!
Zu Beginn eines Sommers sind noch nicht viele Nützlinge unterwegs. Doch im Hochsommer sind sie unermüdlich an der Arbeit. Bis auf den farbenfrohen Marienkäfer, der sich auch als erwachsener Käfer von Blattläusen ernährt, sind die kleinen Helfer eher unscheinbar. Aus Eiern schlüpfen Larven, die sich räuberisch von anderen Insekten ernähren, bis sie sich verpuppen und der Kreislauf von vorn beginnt. Sofern Sie den Nützlingen ordentliche Unterschlüpfe anbieten, können Sie den Winter auf Ihrem Balkon überdauern. Altes Laub, Zeitungen und sogar umgedrehte, leere Töpfe sind für die nützlichen Insekten attraktiv. Im Frühjahr steht Ihnen dann die geballte Power der ausgehungerten Tiere zur Verfügung.
In den nebenstehenden Porträts werden die häufigsten Nützlinge vorgestellt, die sich auch von selbst auf dem Balkon einstellen. In akuten Fällen können sie über den Gartenfachhandel oder das Internet bestellt werden.

Marienkäfer

Coccinellidae

▶ **Beute:** Blattläuse, Schildläuse, Blattflöhe.

▶ **Larven:** Schwarzer bis bläulicher Körper mit gelben Punkten, 6 Beine und sehr beweglich, bis zu 400 Blattläuse werden während der 20-tägigen Entwicklungzeit vertilgt.

▶ **Erwachsenes Tier:** Käfer mit großer Formenvielfalt, am bekanntesten ist der rote Siebenpunkt-Marienkäfer mit 7 schwarzen Punkten, er frisst 40 bis 60 Blattläuse pro Tag.

▶ **Lebensweise:** Larven schlüpfen im Frühjahr aus gelben Eiern in Beutenähe, überwintern als Käfer in Wohnräumen oder auf dem Balkon.

Schwebfliegen

Syrphidae

▸ Beute: Blattläuse, Spinnmilben und andere Blattsauger.

▸ Larven: Grün, braun oder
grau, Körper spitzt sich zum
Kopf hin zu; sie heben Beute
mit dem Mundhaken an und
saugen sie aus, dabei kommen
sie auf 400 Blattläuse in 15
Tagen!

▸ Erwachsenes Tier: Schwebfliegen besitzen eine schwarz-
gelbe, wespenähnliche Zeich-
nung, anders als Wespen
schweben sie in der Luft und
vollführen Zickzack-Flüge.

▸ Lebensweise: Erwachsene
Schwebfliegen ernähren sich
anders als die Larven von
Pollen und Nektar, die Eier werden in Blattlausnähe abgelegt.

Florfliegen

Neuroptera

▸ Beute: Blattläuse,
Spinnmilben und andere
Insekten.

▸ Larven: Sie werden auch
„Blattauslöwen" genannt
und sehen Marienkäferlarven
ähnlich. Die Larven stecken
ausgesaugte Blattläuse auf ihre
Rückenborsten und vernichten
ca. 500 Blattläuse in 18 Tagen.

▸ Erwachsenes Tier: Florfliegen
besitzen einen zarten grünen
Körper, durchsichtige Flügel,
rote, hervorstehende Augen
und ernähren sich von Pollen
und Nektar.

▸ Lebensweise: Eier werden
einzeln oder gebündelt auf
Stielchen abgelegt, erwachsene
Tiere überwintern in Räumen
oder auf dem Balkon.

Blattlauswespen

Aphidius-Arten

▸ Beute: Blattläuse

▸ Larven: Sie leben parasitisch
in und von Blattläusen, die
Parasitierung durch die Larven
ist an den aufgeblähten, gelb-
lichen bis braunen Blattlaus-
körpern erkennbar.

▸ Erwachsenes Tier: Blattlaus-
wespen haben einen 2–4 mm
winzigen, dunkel gefärbten
Körper, sie legen mit Hilfe
eines Legestachels Eier in den
Blattläusen ab.

▸ Lebensweise: Vor der Ver-
puppung „kleben" die Larven
den Blattlauskörper am Blatt
fest, der Schlupf der Wespe ist
am runden Bohrloch erkennbar.

Richtig überwintern

Wenn die Tage kürzer werden, bereiten sich die Pflanzen auf eine Ruhephase vor. Ab jetzt wird weniger gegossen und gedüngt. So können die Triebe ausreifen und den frostigen Winter überstehen.

Auf dem Balkon überwintern

Winterharte Kräuter und Obstgehölze können mit etwas Schutz problemlos auf dem Balkon überwintert werden. Winterhartes Gemüse verträgt und braucht sogar Kälte und Frost. Ab Mitte August nicht mehr düngen.

▶ **Kleine Töpfe und Kästen** werden an der Hauswand zusammengerückt und mit alten Decken oder Zeitungen zugedeckt. Legen Sie Tontöpfe oder anderes schweres Material auf die Ecken, damit der Winterschutz auch bei einem Sturm nicht wegfliegt.

▶ **Große Kübel,** die schlecht bewegt werden können, mit Vlies, Decken oder Luftpolsterfolie umwickeln. Holz oder Styropor unter den Töpfen verhindert ein Erfrieren des Wurzelballens, wenn der Untergrund aus Stein besteht. Töpfe mit Obstgehölzen auf windigen Balkonen besser hinlegen oder am Kübelrand (nicht auf der Erde!) mit Steinen beschweren.

▶ **Immergrüne,** etwa Kräuter wie Salbei und Thymian, an frostfreien Tagen ab und zu mit lauwarmen Wasser gießen.

▶ **Ab April** an bewölkten Tagen aufdecken und etwas gießen. Bei Frosteinbrüchen die Pflanzen unbedingt wieder zudecken. Ab Mai können die Pflanzen sicher aufgedeckt und an ihren endgültigen Platz gerückt werden.

Frostfrei überwintern

Frostempfindliche Kübelpflanzen wie Zitrusgewächse, Lorbeer und Rosmarin verbringen den Winter besser in kühlen Quartieren wie dem Treppenhaus oder

Gut verpackt überstehen winterharte Kübelpflanzen den Winter im Freien

Frische Kräuter kommen im Winter von der Fensterbank

anderen ungeheizten Räumen. Die Temperaturen dürfen hier nicht unter 5°C fallen. Feigenbäumchen können auch in beheizten Räumen überwintert werden.

Frühlingsboten

> **Frühjahrsblüher** wie Tulpen, Narzissen und Traubenhyazinthen im Herbst in Schalen oder Töpfe setzen und über den Winter zudecken.
> **Ab März** aufdecken und sparsam gießen.
> **Blumenzwiebeln** sind auch als Unterpflanzung für winterharte Obstkübel geeignet.

▸ **Kübelpflanzen** so lange wie möglich auf dem Balkon lassen, jedoch vor den ersten Frösten einräumen. Vorher unbedingt kranke oder beschädigte Pflanzenteile entfernen.

▸ **Die Pflanzen** dürfen in ihrem Winterquartier nicht zu dicht stehen. Es wird sparsam gegossen, die Töpfe dürfen aber nicht austrocknen. Eine wöchentliche Kontrolle der Pflanzen auf Schädlingsbefall ist notwendig. Trockenes oder schimmliges Laub entfernen.

▸ **Ab Mitte Mai** die Pflanzen an bedeckten Tagen für einige Stunden zum Abhärten auf den Balkon stellen.

Kräuter auf der Fensterbank

Eine helle Fensterbank ist ein gutes Quartier für ein- und mehrjährige Kräuter. Wer auch im Winter nicht auf frisches Grün verzichten will, holt sich seine Lieblingskräuter auf die Fensterbank. Alternativ kann man auf Blumenampeln ausweichen. Für die Zimmerkultur mit wenig Wasser- und gelegentlichen Düngegaben eignen sich Basilikum, Majoran, Rosmarin, Estragon, Petersilie, Schnittlauch, Thymian und Kresse. Farbige Abwechslung bieten Kapuzinerkresse und Duft-Geranien.

Infoecke

Bezugsquellen

▸ **Asiatische Gemüse und Kräuter:**
Quedlinburger Saatgut GmbH, D-06471 Quedlinburg, www.isp-quedlinburg.de

▸ **Mini-Gemüse-Saatgut:**
Thompson & Morgan, Qualitätssamenhändler, Postfach 1069, 22784 Hamburg, www.thompson-morgan.de

▸ **Nützlingsversand:**
Katz Biotech Service, Industriestr. 38, 73642 Welzheim, www.katzbiotechservices.com

▸ **Duftpelargonien, Zitronengras und andere „exotische" Kräuter:**
Die Kräuterei, Alexanderstr. 29, 26121 Oldenburg, www.kraeuterei.de

Rühlemann's, Auf dem Berg 2, 27367 Horstedt, www.salbeiblatt.de

▸ **Bewässerungssysteme:**
Gardena AG Hans-Lorenser-Str. 40 89079 Ulm, www.gardena.de

BLUMAT-Shop Tensio Technik, Peter-Spring-Str. 18, 65366 Geisenheim, www.blumat.de

Zur Autorin

▸ Natalie Faßmann ist promovierte Gartenbauingenieurin und arbeitet für die „GartenZeitung". Sie ist mit Leib und Seele Balkongärtnerin und experimentiert hier gerne mit Obst, Kräutern und Gemüse. Ihre Erfahrungen und Ideen gibt sie in dem vorliegenden Buch weiter.

Zum Weiterlesen

▸ **Vielfalt aus der Samentüte. Säen, pflegen, staunen.** Faßmann, Natalie. Verlag Eugen Ulmer, Stuttgart. 2009.

▸ **Das Topfgartenbuch.** Fischer, Ellen. Verlag Eugen Ulmer, Stuttgart, 2006.

▸ **Das große Ulmer-Buch der Zitruspflanzen.** Klock, Peter; Klock, Monika; Klock, Thorsten. Verlag Eugen Ulmer, Stuttgart, 2007

▸ **Kräuter! Gartenspaß und Kochvergnügen mit heimischen und exotischen Kräutern.** Lehari, Gabriele; Boss-Teichmann, Claudia; Pahler, Agnes; Kleinod; Brigitte. Verlag Eugen Ulmer, Stuttgart, 2008.

▸ **Gemüse und Kräuter von A–Z. Das Katalogbuch zum Nachschlagen und Verwenden.** Renaud, Victor. Verlag Eugen Ulmer, Stuttgart, 2007.

▸ **Obstbaumschnitt. Kernobst – Steinobst – Beerenobst. 9. Auflage.** Schmid, Heiner. Verlag, 2005

▸ **Obstbaumschnitt. Kernobst – Steinobst – Beerenobst.** Heiner Schmid. Verlag Eugen Ulmer, Stuttgart, 2008.

Impressum

Bibliografische Information der Deutschen Nationalbibliothek
Die Deutsche Nationalbibliothek verzeichnet diese Publikation in der Deutschen Nationalbibliografie; detaillierte bibliografische Daten sind im Internet über http://dnb.d-nb.de abrufbar.

© 2006, 2011 Eugen Ulmer KG
Wollgrasweg 41, 70599 Stuttgart (Hohenheim)
E-Mail: info@ulmer.de
Internet: www.ulmer.de
Lektorat: Karin Wachsmuth, Antje Krause
Umschlag- und Innengestaltung: X-Design, München
DTP: juhu media, Susanne Dölz, Bad Vilbel
Druck und Bindung: Litotipografia Alcione, Lavis
Printed in Italy

ISBN 978-3-8001-6701-2

Informationsquellen

▸ **Noch mehr essbare Blüten und viele Rezepte:** www.frymark.de/kochbuch/blueten/start.htm

▸ **Informationen zum Bewässerungssystem Tropf-Blumat:** www.blumat.info

Immer eine Reise wert

▸ **Besichtigung der Zwergobstausstellung und Informationen zu Zwergobst:** Landschloss Pirna-Zuschendorf, Am Landschloss 6, 01796 Pirna-Zuschendorf, www.kamelienschloss.de/obstorangerie.html

Haftung

Die in diesem Buch enthaltenen Empfehlungen und Angaben sind von der Autorin mit größter Sorgfalt zusammengestellt und geprüft worden. Eine Garantie für die Richtigkeit der Angaben kann aber nicht gegeben werden. Autorin und Verlag übernehmen keinerlei Haftung für Schäden und Unfälle.

Spezial

Kräuter
auf Vorrat

Wenn die Kräuter gut gedeihen, kann man sich auf eine üppige Ernte freuen.
Hier einige Ideen zur Verwertung der eigenen Kräuterernte.

Die traditionelle Art, Kräuter zu konservieren, ist das Trocknen. Zu Sträußchen gebündelte Kräuter werden an einem luftigen Ort ohne direkte Sonne getrocknet. Doch in den modernen Wohnungen gibt es selten einen solchen Ort zum Trocknen. Ein sonniger Balkon oder die Küche sind dafür nicht geeignet. Der Prozess kann mit modernen Geräten verkürzt werden: mit dem Ofen oder der Mikrowelle. Die Würzkraft getrockneter Kräuter ist bekanntlich geringer als die von frischen Kräutern. Frieren Sie darum auch kleinere Mengen getrennt oder gemischt ein. Vergessen Sie nicht, die Behälter zu beschriften. Keine Geschenkidee zum Geburtstag oder zu Weihnachten? Verwandeln Sie Ihre Kräuter in kleine Kunstwerke. Herkömmlicher Essig kann mit ein paar Kräuterzweigen und Gewürzen aufgepeppt werden. In eine dekorative Flasche abgefüllt, wird er zum originellen Mitbringsel.

1 Kräuter im Kälteschlaf:
Ein kleiner Vorrat frischer Kräuter für den Winter. Gehackte Kräuter und Wasser in einen Eiswürfelbereiter füllen und einfrieren. Nach dem Gefrieren können die Kräutereiswürfel in Gefrierbeutel verpackt werden. Kräutereiswürfel eignen sich gut für Suppen und Soßen. Kräuter können auch ganz oder gehackt ohne Wasser in kleinen Dosen eingefroren werden.
Gut geeignet sind Petersilie und Dill. Tiefkühl-Kräuter sind etwa ein Jahr lang haltbar.

2 **Kräutersträußchen** werden an einem schattigen, luftigen Ort aufgehängt. Schneller geht's im Backofen: Kräuter 24 Stunden an der Luft vortrocknen, dann bei 30 °C und leicht geöffneter Ofentür weitertrocknen. Kleinere Mengen können in der Mikrowelle bei 600 W für zwei bis drei Minuten auf einem Teller getrocknet werden. Die Kräuter sind trocken, wenn sie zwischen den Fingern zerbröseln. Getrocknete Kräuter in verschließbaren Gläsern an einem dunklen Ort trocken und kühl aufbewahren. Vergessen Sie nicht, die Gläser zu beschriften.

3 **Kräuter in Flaschen:** Essig und Öl können leicht und schnell aromatisiert werden. Frische Kräuter, Blüten, Früchte oder Gewürze in ein sauberes Einmachglas füllen. Mit Essig oder Öl auffüllen. Zwei Wochen an einen sonnigen Ort stellen und täglich schütteln. Essig oder Öl in eine saubere Flasche abfüllen und frische Kräuter zur Dekoration hinzugeben. Beschriften und an einem kühlen, dunklen Ort aufbewahren. Essig ist lange haltbar. Öl ist mehrere Monate haltbar. Eine Geruchsprobe zeigt, ob es noch genießbar ist.

Meine Ernte von Balkon und Terrasse

Aromatische Kräuter und Früchte direkt vor der Terrassentür?
Sie werden staunen, wie leicht Obst- und Gemüsearten im Topf gedeihen.

- Gemüse und Obst auf Balkonien ziehen und ernten
- Kräuter, Gewürze und Tees frisch vom Balkon in die Küche
- Gießen, pflegen und gesund erhalten: so macht Balkongärtnern Spaß

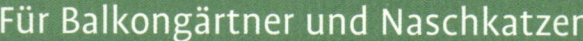

Für Balkongärtner und Naschkatzen

- mit Rezepten für kleine Köstlichkeiten
- Tipps zum Überwintern
- Mini-Naschbalkon: Ideen für kleine Balkone

www.ulmer.de

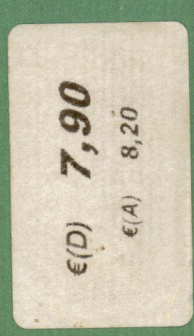

ISBN 978-3-8001-6701-2